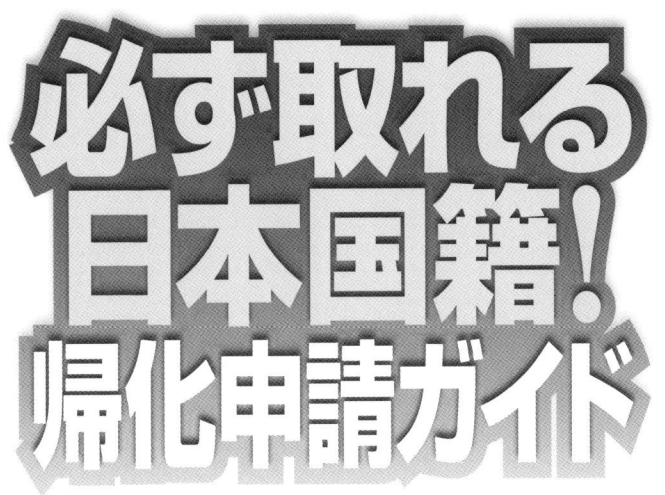

# 必ず取れる日本国籍！帰化申請ガイド

小島健太郎 著

セルバ出版

## はじめに

こんにちは！　行政書士の小島です。

私は、帰化を専門にして行政書士の仕事をしています。みなさんは、毎日、問合わせがきます。多いのは、「私は帰化できますか？」という単純な問合わせです。みなさんは、今の状態で帰化ができるかどうかが知りたいんですね。

・今、帰化できるんだったら申請手続きを始めたい
・今はまだ要件を満たしていないんだったら、どうすれば帰化できるのか

ということでしょう。

あなたも、私のお客様と同じではないでしょうか？　帰化できるかどうかは、「帰化の要件」を正しく理解する必要があります。その帰化の要件を本書でわかりやすく解説いたします。

そもともと「帰化」とは、端的にいうと、外国人が日本国籍を取得することです。帰化するためには、その申請手続きが必要になりますが、「帰化申請」は主に「国籍法」によって規定されています。そしてその申請のためには、戸籍法、入管法、会社法、民法、税法、年金、風営法、刑法などの幅広い法律が関わってきます。

さらに、外国人の手続きということで勘違いしている方が多いのですが、帰化申請の管轄は、入国管理局ではありません。帰化申請をするところは、「法務局」です。そして、「法務大臣」が「許可」か「不許可」の最終決定をするということになっています。

ところで、帰化を希望する方は、大きく次の3つパターンがあります。

① 1つ目は、在日韓国人・朝鮮人の方です。日本生まれの特別永住者の方です。現在では、日本語ネイティブで、韓国語も話せなく、韓国に行ったことすらない方も大勢いらっしゃいます。なぜ、自分は、日本国籍ではなく、韓国籍なんだと思い、周りに公表しないで生活していらっしゃる方も多いようです。

② 2つ目は、日本人と結婚した外国人の方が日本国籍を取得するケース。日本人の方からの問合わせで、「妻が帰化したいんですが……」とか「夫が帰化したいんですが……」というものが多くあります。

③ 3つ目は、日本で就労している外国人の方で、すでに日本に長期間住んでいて、これからも日本に住み続けるつもりなので帰化をしたいと希望する方です。

みなさん帰化を希望する理由はそれぞれで、在日韓国人の方で帰化を希望する方というのは、20代の方ですと就職前や結婚前に日本国籍になっておきたいとか、30代の方ですと子どもが生まれたの

で帰化したいとか、40代、50代でも、国際結婚した外国人の方や、長期滞在している外国人の方も、みなさんそれぞれの人生のステージで想いを持っていらっしゃいます。

そして、帰化したと思い立ったときに確認すべき一番重要なことは、「帰化の要件」です。要件がクリアできていれば、結果的には帰化できて、日本国籍が取れると考えてよいと思います。帰化申請書類の作成や添付書類を集めたりというのは、煩雑で面倒であり、かなり労力がかかるものですが、最終的に許可が下りるはずです。

帰化の許可・不許可は、法務大臣の自由裁量によるとされていますが、私の実務上の経験から考えると、帰化の要件を満たし、申請人の各種事情に合った必要書類を揃え、帰化許可申請書類一式をミスなく作成すれば、通常は許可されると判断しております。

その帰化申請の要件と、書類の集め方、さらに帰化許可申請書類の作成方法までわかりやすく解説いたしましたので、ぜひ本書で念願の日本国籍取得を勝ち取ってください！

平成27年3月

小島　健太郎

必ず取れる日本国籍！　帰化申請ガイド　目次

はじめに

# 第1章　帰化申請の要件を把握しよう

1　帰化とは・10
2　普通帰化の7つの要件・11
3　簡易帰化、大帰化の要件・23
4　典型的な簡易帰化のケース・27

# 第2章　帰化申請の現実的・具体的スケジュール

1　本人が自分で申請を進める場合・38
2　行政書士が申請をサポートする場合・41

# 第3章 申請に必要な書類を集めよう

1 市役所・区役所で取得する書類・48
2 法務局で取得する書類・55
3 税務署・都税事務所・県税事務所・市税事務所で取得する書類・58
4 その他の書類・63
5 本国から取得する書類・71
6 法務省個人情報保護係から取得する書類・105

# 第4章 自分でもできる帰化申請書類作成ガイド・マニュアル

1 帰化許可申請書の作成・110
2 親族の概要の作成・119
3 履歴書（その1）の作成・127
4 履歴書（その2）の作成・133
5 生計の概要（その1）の作成・138
6 生計の概要（その2）の作成・148

7 在勤及び給与証明書の作成・154
8 宣誓書の作成・157
9 帰化の動機書の作成・159
10 申請者の自宅付近の略図の作成・163
11 申請者の勤務先付近の略図の作成・167
12 事業の概要の作成・169
13 申述書の作成・179
14 申請日に持参するもの・180
15 帰化申請後に注意すべきこと・181
16 FAQ・182

# 第1章 帰化申請の要件を把握しよう

# 1 帰化とは

## 帰化とは

帰化とは、日本国籍を取得することです。そして、帰化申請とは、外国人が日本人になる申請手続きになります。在日韓国・朝鮮人の方々や、留学で日本に来て日本人と結婚した外国人の方、日本で就労している外国人の方の多くが、毎年日本国籍を取りたいと考え、帰化申請をしています。年間で約1万人前後の方が許可になっています。

## 帰化には3種類がある

帰化は、国籍法で、普通帰化、簡易帰化、大帰化の3種類が規定されています。そして、それぞれに異なった帰化要件も決められています。

この3つの帰化の違いは、その要件です。

まず、それぞれの帰化要件を確認していきましょう。

帰化の要件については、国籍法の条文をそのままに解釈してもよくわからない部分があるので、ていねいに解説したいと思います。

10

第1章　帰化申請の要件を把握しよう

## 2　普通帰化の7つの要件

### 普通帰化の要件

普通帰化の対象となる外国人は、一般的な外国人です。一般的な外国人というのは、普通に外国で生まれて、留学生として日本に来て、卒業後にそのまま日本で就職したような外国人が当てはまります。日本生まれの在日韓国人などは除きます。

普通帰化の要件は、①住居要件、②能力要件、③素行要件、④生計要件、⑤喪失要件、⑥思想要件、⑦日本語能力要件の7つになります。

### ① 住居要件

具体的には、国籍法に規定されている「引き続き5年以上日本に住所を有すること」に該当するかどうかです。これは、簡単にいえば「5年以上日本に住んでいますか？」ということになります。

ただ、この「引き続き」の意味ですが、「引き続き」は、日本居住が継続している必要性を求めています。継続して5年以上です。

この「引き続き」の具体的な意味は、例えば3年間日本に住んでいて、その後1年間海外に行って、また2年間日本に住んだ場合は「引き続き」に当たりません。また、この場合、海外に行く前

11

【図表１】

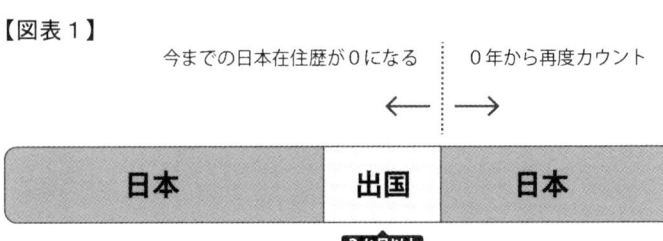

【図表２】

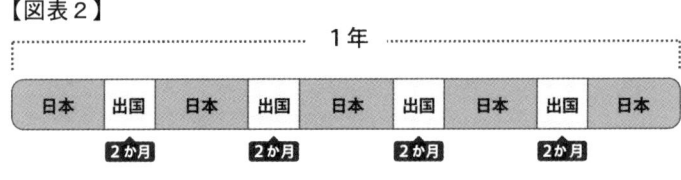

**合計約240日の出国「引き続き」とはみなされない！**

の３年間はカウントできなくなってしまうので、来日後の２年間と、さらにこれから３年間の居住を待たなければならないということです。

「引き続き」が切れるか切れないかの目安は、１度の出国がおおよそ３か月以上かどうかです。１度の出国日数がおおよそ３か月以上に渡った場合、それは「引き続き」とはみなされない可能性が非常に高くなります。

実際に、海外出張や海外駐在、また一時帰国して出産などにより３か月以上出国してしまう方も多いようですが、出国が３か月以上に渡る場合は、「引き続き」とみなされなくなり、中断されたと法務局は考える場合が多いようです。

したがって、東日本大震災時の出国で、１回３か月以上の出国をした人は、注意が必要です。連続して３か月日本を離れていると、それまでの居住歴はなくなり、ゼロからもう１度カウントをすることになる可能性がかなり高くなります（図表１参照）。

# 第1章　帰化申請の要件を把握しよう

また、1回の出国は3か月より短くても、1年間のうち短期の出国を繰り返し、おおよその目安として合計150日以上程度日本を出国すると、これも「引き続き」とみなされないという判断をされる可能性が高くなります。

例えば、出国が「2か月、2か月、2か月、2か月」で2か月間の出国が合計4回だと、1回の出国は3か月以内ですが、合計で1年で240日の出国になります。こういうパターンは、「引き続き」とみなされない原因となります（図表2参照）。

1度の出国が3か月以上に渡る場合についてですが、よく「会社命令の出張だったから大丈夫ですか？」「就労ビザは切れていないし、3か月以上日本にいなかったのですが、家賃もずっと払っていました。大丈夫ですか？」「大震災で怖かったので帰国してましたが大丈夫ですか？」という質問が多いですが、会社命令の出張でも出国は出国であり、それは認めてもらえない可能性が高いと思っておいたほうがよいと思います。理由はともあれ、出国していた事実があるということで、100％とは一概にはいえませんが、理由が考慮されることは期待しないほうがよいでしょう。

もう一つの注意点としては、この「引き続き5年以上」の期間の中身の問題になります。

「引き続き5年以上」の期間には、就職をして実際に仕事をしている期間としてです。正社員が基本ですが、契約社員や派遣社員でも就労系の在留資格がとれていれば大丈夫です。

つまり、就労系の在留資格を取って満3年以上働いていることが必要だということになります。

13

【図表3】

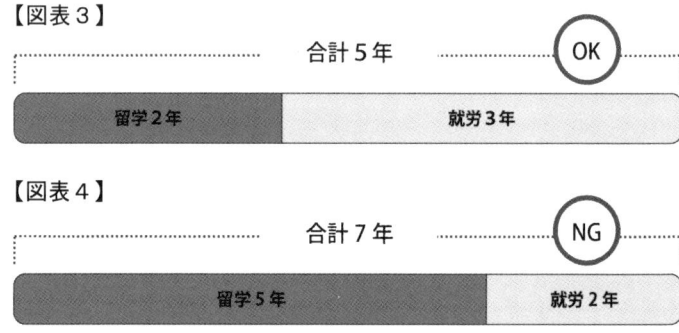

【図表4】

ですので、この5年がすべて留学生であった期間の場合は、認められないということになります。

例えばこんな方は大丈夫です。留学生として2年、就職して3年、合計5年の人は大丈夫です（図表3参照）。

次のような方は、帰化の要件を満たしていません。留学生として5年、就職して2年、合計7年の人（図表4参照）。

このケースでは、就職して満3年以上必要ですので、この方の場合、あと1年間就労経験が必要です。

転職の期間の転職についてですが、転職回数は多くても大丈夫です。転職回数を心配する人が多いようですが、転職自体については、多くても特に問題はありません。

ただし、この期間、在留資格が切れていないことが条件です。在留資格が切れていれば、それは「引き続き」とはみなされません。

さきほどから、必ず3年以上の就労経験が必要だと申し上げてきましたが、10年以上日本に住んでいる外国人は例外があります。10年以上日本に住んでいる方は、就労経験が3年なくても、1年以上あれば大丈夫なのです。

第1章　帰化申請の要件を把握しよう

【図表5】

OK

留学9年　　　　　　　　就労1年

例えば、留学生として9年、就職してから満1年以上で合計10年になりますが、これで帰化要件を満たすことができます（図表5参照）。

つまり、10年以上日本に住んでいれば、就労が1年でも大丈夫ですが、日本に10年以上住んでいない場合は、必ず就労経験は3年以上必要なのでご注意ください。

② 能力要件

帰化するには、20歳以上であることが要件とされています。これは、申請人が20歳以上であるということです。ただし、未成年の子が両親と一緒に帰化申請をする場合は、20歳未満でも帰化が可能になります。20歳未満の場合は、単独では要件を満たすことができないのです。

③ 素行要件

これは、簡単にいうと、真面目な人かどうかということになります。きちんと税金を払っていること、きちんと年金を払っていること、交通違反がないこと、前科がないことです。それぞれ細かくみていきたいと思います。

・税金

まず、税金についてですが、会社員の方は住民税に注意してください。住民税は、会社から天引きされている方と、天引きされていなくて自分で役所に支払わなければならない方の2パターンあります。

15

自分の給与明細を見たときに住民税が天引きされていれば何も問題ありません。住民税は支払われているということになります。

注意を要するのは、会社から住民税を天引きされていない場合です。これを普通徴収といいます。

勤めている会社から住民税が天引きされていない方は、住民税は自分で申告して自分で払わなければなりません。

もちろん、手続きをしっかり行っていて、住民税をちゃんと払っていれば何も問題はありません。

私の実務上の経験では、普通徴収の方で時々住民税を払っていない方もいらっしゃるようです。もし、住民税を払っていないことが判明した場合は、今からでも払ってしまえば問題はありません。

住民税を完納すれば、納税証明書にも未納税額は出てきません。

ご結婚されている方は、住民税に関しては配偶者の分も納税証明書を提出します。本人は未納はないが、配偶者は住民税を滞納していると審査が通らないので注意してください。配偶者は、通常、生計を1つにしているので、配偶者は帰化申請をせずに本人のみの申請であっても、配偶者分の納税証明書が1つ必要になります。

そして、住民税に関して注意していただきたいのは、「扶養」に関する項目です。ご自分の源泉徴収票を確認してください。例えば、配偶者を扶養に入れている場合があります。配偶者を扶養に入れれば自分の税金が安くなります。

しかし、配偶者がアルバイト等をしていて収入が年間103万円以上になった場合は、扶養に入

16

# 第1章　帰化申請の要件を把握しよう

れることはできませんが、時々扶養に入れてしまっているようなケースが見受けられます。そういう状態になっていた場合は、配偶者を扶養から外すための「修正申告」が必要になります。

今まで支払ってきた住民税は、本来払うべき税金より少ないわけですから、しっかり現状に合わせた申告をすることが重要です。このケースもしっかり修正申告して、税金を支払ってしまえば問題はありません。

次に、本国の両親や祖父母、さらに本国の兄弟姉妹を扶養に入れている外国人についてです。適切な扶養の基準に従って本国の両親等を扶養に入れていれば、税法上は問題はありません。

しかし、中には、両親はまだ現役で働いているにも関わらず、扶養に入れている方に出会ったこともあります。最近は、扶養控除について法務局も目を光らせていて、本当に扶養しているのかどうかの証拠を求められるケースが多いようです。

ただ単に、扶養控除のために扶養の人数を増やしている方は、即刻修正をして未納税を支払うようにおすすめします。

これも扶養を外し、修正申告して納税すれば問題はありません。

さらに、既に親が亡くなっている場合でも、扶養に入れ続けている方に出会ったこともあります。

帰化申請のときには、本国の書類を提出しなければならないので、いつ亡くなったか判明しますし、その他の情報も公開しなければなりません。そうすると扶養者のところに矛盾ができてしまうので、虚偽にならないよう注意してください。

17

法人経営者や個人事業の方は、法人としての税金と、個人事業としての税金もきちんと払っていることが必要です。具体的には、法人税や個人事業税が該当します。

・交通違反

次に、交通違反歴ですが、車を運転する人はご注意ください。免許を持っていない人は、関係ありません。交通違反は、基本的に過去5年間の違反経歴を審査されることになります。5年前から現在までの交通違反は、何回ありますでしょうか？

目安としては、過去5年間で、軽微な違反5回以内だったら特に問題はないと判断されます。5回より多くても全く駄目ではありませんが、一応の目安です。

軽微な違反というのは、具体的には、駐車禁止や携帯電話使用などが当たります。

飲酒運転などといった重いものは、相当期間経過しないと帰化が認められません。

・年金

年金については、2012年7月の法改正で、年金も払っているかどうかが審査ポイントになりました。したがって、それ以前に帰化申請した方は、年金は関係ないんだよといわれますが、現在は違いますのでご注意ください。

会社員の方で勤務している会社で厚生年金に加入していて、給料から厚生年金保険料が天引きされている方は何も問題ありませんが、厚生年金に加入していない会社に勤めている場合もあると思います。そのような方は、厚生年金を支払っていないということになりますので、個人として国民

18

第1章　帰化申請の要件を把握しよう

【図表6】

**会社経営者**

厚生年金保険加入は  必須

　外国人の方は、会社から厚生年金を天引きされていないケースにおいて、国民年金は全く払っていないという人が多くみられます。厚生年金も国民年金も支払っていない場合は、とりあえず国民年金を直近1年分支払う必要があります。直近1年間の国民年金を支払って、その領収書を提出することで、年金の要件を満たすことができます。

　国民年金の支払いについては、年金事務所で納付書をもらえます。国民年金は、現在、1か月約1万8,000円くらいですから、1年だと約20万円くらいになります。今まで払っていなかった人にとっては高いと感じる方もいらっしゃいますが、帰化の要件ですので仕方ありません。

　会社経営者の方は、会社として厚生年金保険に加入しなければなりません。会社として厚生年金保険を適用し、社員を厚生年金に加入する必要があるということです。もちろん、年金保険料を払っていることも条件となります（図表6）。

　個人事業主の方は、厚生年金に加入する義務がありませんので、基本的に国民年金です。ただし、個人事業主の方でも従業員を5人以上雇用している場合は、厚生年金に加入しなければなりません。

　今まで厚生年金保険に加入していかなった会社経営者の方は、現時点から厚生

19

年金に加入し、厚生年金保険料の支払いを開始するのと同時に、加入していなかった直近1年分の国民年金を支払うことで足ります。

④ **生計要件**

生計要件とは、生計は成り立っているか？ という審査項目です。一人暮らしの人は基本自分の収入で生活していけるかどうか、もしくは家族と一緒に住んでいる方の場合は家族の収入で生活するのに十分なお金があるかということです。

よく「貯金はいくらあれば大丈夫ですか？」と聞かれますが、貯金は関係ありません。それよりも、安定した職業に就いて、毎月安定的な収入があることのほうが重要です。

親や親族、友人にお金を借りて直前に自分の口座に入れていた人を知っていますが、そのような行為は意味がないのでしないようにしてください。

銀行通帳のコピーは、提出書類の一つです。法務局に出しますので、おかしな入金があると説明ができません。貯金額自体は、あまり審査には関係なく、毎月の収入のほうが大事なのです。会社員の方であれば、最低月18万円以上あれば問題ありません。

正社員でも、契約社員でも、派遣社員でも大丈夫です。しかし、現在、失業中で無職の方は、仕事を見つけてから帰化申請を考えるようにしてください。

会社経営者の方は、給料ではなく役員報酬となりますが、これも毎月18万くらいでも許可がおりている事例があります。

第1章　帰化申請の要件を把握しよう

生計要件に関しては、「家は買ったほうが有利ですか？」という質問もよくあります。これも答えとしては、有利・不利はありません。

家は、持ち家でもいいですし、賃貸でも全然大丈夫です。審査には直接関係ないということです。

ところで、借金についてですが、住宅ローンや、自動車ローン、クレジットカードなどで借入れをしていたとしても、返済を滞りなく行っていれば問題ありません。自己破産をしたことがある方は、7年経過していれば問題ありません。

⑤ **喪失要件**

この要件は、日本に帰化したら、母国の国籍を失うことができる、もしくは離脱できるかどうかです。日本は二重国籍を認めていません。国によっては、男性に兵役義務があり、兵役を終わらなければ自分の国の国籍を離脱できない場合もあるようです。

男性で兵役義務がある国の出身の方は、それぞれ母国で事前に確認をすることが必要です。

⑥ **思想要件**

これは、簡単にいえば、日本国を破壊するような危険な考えを持っていないことです。テロリストとか、暴力団構成員とかが当てはまります。

⑦ **日本語能力要件**

帰化申請では、日本語能力も求められています。日本語能力試験で3級くらい持っていれば全く問題はないと思います。

21

【図表7】

## 日本語の読み書き

日本語能力については、日本語テストがあります。ですが、日本語のテストは、私の実務経験上、すべての外国人には課されていないようです。

申請や相談、面接の段階で、審査官との日本語での会話の中でちょっと「日本語能力が足りないかな？」と審査官に思われたら筆記試験をされるという感じです。

留学生として日本に来て、日本企業に就職したような方は、日本語能力は全く問題ないのですが、日本人の配偶者として日本に来たばかりの人や、同国人とばかり付き合っている方は、日本語能力がネックになる場合が多いようです。

以上が「普通帰化」の7つの要件の説明です。次に、「普通帰化」の一般的な外国人の帰化申請の要件についての補足説明を行いたいと思います。

**一般的な普通帰化申請要件の補足**

「一般的な」というのは、特別永住者の方と日本人と結婚している外国人の方を除く外国人全員が対象です。独身の外国人の方や、外国人同士で結婚している方を指します。例えば、中国人同士の夫婦とか、韓国人と中国人の夫婦とかです。

日本生まれではない外国人、つまり留学や就職等で日本に来た外国人の方が日本国籍を取りたい場合、大きく分けて日本人と結婚しているか、いないかで要件が変わってきます。

22

# 第1章　帰化申請の要件を把握しよう

## 3　簡易帰化、大帰化の要件

よく外国人同士で結婚している人や子供がいる人から、「家族全員で帰化しないとダメですか？」という質問をよく受けます。

答えは、「結婚していても、本人単独でも帰化できます」です。本人だけ帰化して、配偶者や子供は帰化しないという選択をすることも可能です。また、夫婦2人一緒に帰化したい場合に、1人は帰化の要件を満たしていて片方は要件を満たしていない場合、1人が帰化の条件を満たしていなくても同時申請して許可になるケースが多いです。

これはなぜかというと、1人が帰化許可になれば、自動的にその時点でその配偶者は日本人と結婚している外国人となります。つまり、日本人と結婚している外国人は、帰化要件が緩和されています。ですから、申請のときに「日本人と結婚している外国人の帰化要件」を満たしてさえいれば、帰化が許可され得るということです。日本人と結婚している外国人は、「簡易帰化」の要件を満たせば帰化できます。

### 簡易帰化の要件

簡易帰化は、在日韓国人・朝鮮人（特別永住者）の方や、日本人と結婚している外国人が当てはま

まります。

ちなみに「簡易」という名称が使われていますが、帰化の要件のハードルが下がっているという意味であり、書類上の手続きは簡易になっているとはいえません。書類作成に関してのボリュームの多さは、一般の外国人とほぼ同じかそれ以上になります。

## 簡易帰化の9つのケース

簡易帰化のケースは、主として次の9つがあります。

① **日本国民であった者の子（養子を除く）で、引き続き3年以上日本に住所・居所を有する人**

このケースに当てはまるのは、両親が外国に帰化して自分も外国籍になっている場合です。例えば、日本人家族がアメリカへ一家で移住し、アメリカ国籍を取った場合を考えてみます。父母はアメリカ国籍で、子が日本国籍を取りたい場合に、子は「日本国民であった者の子」に当たるので、引き続き3年以上日本に住めば、日本国籍を取れるということです。

② **日本で生まれた者で引き続き3年以上日本に住所・居所を有し、またはその父か母（養父母を除く）が日本で生まれた人**

日本で生まれた在日韓国人・朝鮮人の方の多くがこのケースに当てはまります。

在日韓国人・朝鮮人の帰化要件については、後で詳しく説明します。

③ **引き続き10年以上日本に居所を有する人**

24

# 第1章　帰化申請の要件を把握しよう

在日韓国・朝鮮人の方の多くが当てはまります。また一般の外国人の方でも、10年以上日本に住んでいる方は、1年以上就労経験があれば帰化され得るのはこの要件に当てはまります。

以上の①、②、③のいずれかに当てはまる方は、普通帰化で求められている5年の住居要件が緩和されます。ですので、能力要件、素行要件、生計要件、喪失要件、思想要件を満たしていれば、帰化申請が可能です。

④ **日本国民の配偶者たる外国人で引き続き3年以上日本に住所・居所を有し、かつ、現に日本に住所を有する人**

日本人と結婚している外国人がこのケースに当てはまります。
日本に3年以上住んでいる場合、日本人と結婚した時点で帰化の要件を満たせます。
日本人と結婚している外国人の帰化要件については、後で詳しく説明します。

⑤ **日本国民の配偶者たる外国人で婚姻の日から3年を経過し、かつ、引き続き1年以上日本に住所を有する人**

④と同じく日本人と結婚している外国人がこのケースに当てはまります。この場合は、外国で結婚生活を送っていたが、その後来日し1年以上日本に住んでいる場合に帰化要件を満たせます。

④、⑤のいずれかに当てはまる方は、住居要件と能力要件が緩和されます。引き続き5年以上の④、⑤のいずれかに当てはまる方は、20歳未満でも素行要件、生計要件、喪失要件、思想関係要件を満たしていなくても大丈夫ですし、20歳未満でも素行要件、生計要件、喪失要件、思想関係要件を満たしていれば帰化申請が可能です。

⑥ 日本国民の子（養子を除く）で日本に住所を有する人

このケースに当てはまるのは、両親だけ先に帰化して日本国籍を取り、子供が後で帰化する場合です。また、日本人の子であるが日本国籍を選ばなかった人が、後に帰化する場合にも当てはまります。

⑦ 日本国民の養子で、引き続き1年以上日本に住所を有し、かつ、縁組み時未成年であった人

未成年のときに親の再婚などにより連れ子として日本に来た外国人の方で、来日時に義理の父（母）と養子縁組をしたようなケースが当てはまります。

⑧ 日本の国籍を失った人（日本に帰化した後日本の国籍を失った人を除く）で日本に住所を有する人

外国籍になった日本人が、再度日本国籍に戻るときが当てはまります。有名なところでは、猫ヒロシ（カンボジア国籍）が再度日本国籍を取得したいと思ったときは当てはまりそうです。

⑨ 日本で生まれ、かつ、出生時から国籍を有しない人で、引き続き3年以上日本に住所を有する人

以上の⑥、⑦、⑧、⑨に当てはまる方は、住居要件、能力要件、生計要件が緩和されます。

大帰化

「日本に対して特別に功労実績のある外国人に対して許可される」というのがただ1つの条件であるのが大帰化ですが、現在まで許可された前例がなく、おそらくこれからもないであろうと予想されます。

第1章　帰化申請の要件を把握しよう

## 4　典型的な簡易帰化のケース

典型的な簡易帰化の要件に当てはまるのは、在日韓国人・朝鮮人（特別永住者）の方、日本人と結婚している外国人の方です。

これについては、前述した普通帰化の要件と記述内容が重複するところがありますが、【○○ページを参照】のような記載でページをめくり返すのは読みづらいと思いますので、重複部分があってもわかりやすい説明を心がけたいと思います。

### 在日韓国人・朝鮮人（特別永住者）の方の帰化要件

在日韓国人・朝鮮人（特別永住者）といわれるのは、韓国籍の方と朝鮮籍の方です。

在日韓国人の方で帰化を希望する方というは、20代前半で学生の場合、就職前に日本国籍になっておきたいとか、また、若い方では結婚する前に帰化しておきたいとかが多いようです。

公務員になりたい方で日本国籍が必要という方も過去にいらっしゃいました。また、日本人と結婚するに当たって帰化したいというご要望も多いようです。

30代、40代の方では、子供が生まれたのを機に帰化をするとか、前々から帰化したいと思っていて、やっと重い腰を上げたという方もいらっしゃいます。

兄弟姉妹が先に帰化したので、自分も帰化しておきたいとか、一家全員で帰化したいケースも多くあるようです。

日本生まれの特別永住者の方は、申請すると許可される可能性が高いです。よほどのことがなければ許可されます。よほどのこととは、重い犯罪とかが該当します。普通に生活している人は、大丈夫なはずです。

ただし、要件は緩和されているのですが、帰化申請の事務手続き自体は簡単になるわけではありません。手続き方法は、ほとんど一般の外国人と同じですし、韓国生まれの韓国人とほぼ一緒です。逆に日本に住んでいる期間が長いので、集める書類が多くなったりもします。ただ、集めるべき書類を集めて、申請書も正しく作成し、帰化申請書類が受け付けられれば普通は許可になるはずです。問題は添付書類集めと申請書作成です。

さきほど帰化の要件はあまり気にしなくてもいいと述べましたが、最低限のポイントはありますので、ご注意ください。在日の方は、素行要件と生計要件の確認が必要です。

・素行要件

これは簡潔にいえば、真面目な人かどうかということです。

具体的には、①きちんと税金と年金を払っていること、②重大な交通違反や前科がないこと、の2つです。

会社員の方と、会社経営者・個人事業主の方に分けて考えてみましょう。

第1章　帰化申請の要件を把握しよう

## 会社員の方の住民税について

区民税や市民税のことです。住民税は、会社の給与から天引きされている方（特別徴収）と、自分で役所に支払わなければならない方（普通徴収）と2パターンあります。

給与明細を見たときに住民税が天引きされていれば、特に問題ありません。普通徴収の方は、自分で住民税を払わなければならないので、時々未納のままの方がいらっしゃいます。住民税が未納では、帰化が通りませんので、必ず完納するようにしてください。

ご結婚している方は、配偶者の分も納税証明書を提出することになります。自分は住民税を払っているが、配偶者は住民税を滞納しているという場合はダメなのでご注意ください。

さらに、住民税で注意していただきたいのは「扶養」です。ご自分の源泉徴収票を確認してください。

例えば、ご本人の妻を扶養に入れる場合を考えてください。妻がアルバイトをしている場合に扶養に入れているケースが多いと思います。しかし、妻のアルバイトの年間の収入が一定額以上だと扶養に入れることはできません。

本来は扶養に入れることはできないにもかかわらず、時々入れてしまっていることがあります。そのようなケースでは、修正申告が必要になります。もともと払うべき税金が不足しているということです。これに関しても修正して追加で税金を払い、扶養を外した未納なしの納税証明書を取得すれば問題ありません。

## 会社経営者の住民税について

会社経営者の方は、個人としての住民税と法人に課税される各種税金もきちんと払っていることが必要です。

## 会社員の方の年金について

2012年7月の法改正で、帰化申請に関して、年金を払っているかどうかが新たにポイントになりました。それまで年金は、帰化の要件ではありませんでした。

勤務先で厚生年金に加入していて、給料から天引きされている人は何も問題ありませんが、厚生年金に加入していない勤務先に勤めている場合もあると思います。その場合は、国民年金を払っている必要があります。

国民年金を全く払っていないという人も多いです。中には日本人ではないので払わなくていいと思っている方もいましたが、そうではありません。日本に住んでいる以上、支払い義務があります。払っていない場合は、申請前に過去1年分を払ってください。

現時点では、とりあえず直近1年間の国民年金を支払えば帰化は大丈夫です。1か月あたり約1万8,000円くらいですから、1年分だと20万円くらいになります。いきなり払うには少し高いでしょうか？　しかし、日本国籍を取り、日本国民になるためには、国民の義務を果たしておく必要があります。

第1章　帰化申請の要件を把握しよう

会社経営者の方は、会社として厚生年金に加入しておかなければなりません。会社として厚生年金保険に加入し、保険料を払っていることも帰化の要件となります。

## 交通違反と前科歴

次に、交通違反と前科歴がないことですが、簡単にいえば警察につかまったことがあるかないかです。

一番多いのは、交通違反だと思います。交通違反は、過去5年間の違反経歴を見られます。5年以上前の違反経歴は、基本的には関係ありません。5年前から今までの交通違反は何回ありますか？あまりにも回数が多いと審査に影響がありますが、軽微な違反、例えば一時停止違反や路上駐車などであれば、過去5年で5～6回程度まででしたら問題ありません。

私の事務所で扱ったケースでは、在日韓国人（特別永住者）の方で、かなり交通違反が多い方でも許可になっているケースがあります。過去5年間で10回でも許可になったケースがありました。在日の方には交通違反についてだけは、一般の外国人よりも大目に見てくれるような雰囲気は感じとれます。

前科に関しては、よくある犯罪行為として万引きや喧嘩（暴行）があります。この場合、おとがめなしの不起訴になっていれば問題はありませんが、例えば10万円前後の罰金刑なら目安として2～3年、20万円～30万円前後の罰金刑なら3年～5年の経過が必要と考えられます。

31

罰金刑などの犯罪行為については、特別永住者だから数年の経過で帰化申請ができるようになるのです。一般の就労系在留資格の外国人の場合は、その犯罪行為によって在留資格の更新ができなくなる、つまり帰国せざるを得なくなり、帰化申請はできなくなります。特別永住者は、帰化申請に関しては条件面で優遇されていると思います。

・生計要件

中には借金がある方がいらっしゃると思います。例えば、クレジットカードとか消費者金融とかです。借金があっても、普通に返せる額の範囲内であれば大丈夫です。自己破産級の借金でなければ問題はありません。もちろん、自宅不動産のローンや自動車のローンも、普通に返済中であれば問題ありません。

FAQ

Q：申請前、韓国・朝鮮籍の特別永住者の方からのよくある質問を紹介したいと思います。
会社には、韓国籍であることを隠しています。会社にばれないように申請を進めることはできますか。

A：在日の方は、通常は通称名で生活を送っているので、韓国籍だということを勤務先に特に言っていない人も結構いらっしゃいます。まずは、法務局の担当官にまわりの人には会社の人も含め言っていないということを事前に伝え、配慮をお願いすることです。

32

## 第1章　帰化申請の要件を把握しよう

Q：韓国語が全然わかりません。韓国現地に行って書類を取って来る必要がありますか。
A：いいえ、必要ありません。韓国に行く必要もありませんし、現地の役所に郵送で請求する必要もありません。日本にある韓国領事館で韓国書類がすべて取れます。領事館へ直接行くことができない方は、韓国領事館へ郵送でも請求できます。

Q：朝鮮籍で韓国戸籍がないけど帰化できますか。
A：在日朝鮮籍の方で韓国戸籍がない方がいらっしゃいます。朝鮮籍の方は、韓国の戸籍がありませんので、本国書類がかなりの割合で取れません。パスポートも臨時パスポートしかつくれない人が多いです。
　また、朝鮮籍の方は、韓国の本国書類が取れない場合は用意することができないので、取れないものは取れないということで免除になることがほとんどです。朝鮮籍だからといって帰化申請できないわけではありません。この場合は、日本で集められる書類だけで申請を進めていきます。
　朝鮮籍から韓国籍に変更してからの帰化申請という流れにしなくても、朝鮮籍で本国書類なしのままで日本国籍を取得できるケースがほとんどです。通常のケースより日本国内で集める書類が多くなる場合が多いですが、本国戸籍がなくても、日本の書類だけで基本的には申請を進められるということを覚えておいてください。

Q：帰化申請手続きを進めるために民団を使う必要があるの？
A：帰化申請を進めるために民団を使う必要はありません。筆者の個人的見解として、翻訳代とか

33

書類請求代行などは、相場から比べて結構高めです。

Q：韓国語がわからないので翻訳できません、本国書類の翻訳は絶対必要ですか。

A：韓国本国書類は、必ず日本語に翻訳しなければなりません。翻訳は必須になります。自分で翻訳できない方は、翻訳会社か帰化を専門にする行政書士事務所に依頼する必要があります。翻訳書類は、翻訳者の署名・捺印が必須です。

Q：兵役を終わらないと帰化できませんか。

A：日本生まれの在日、特別永住者は、兵役は関係ありませんので帰化OKです。

## 日本人と結婚している外国人の方の簡易帰化の要件

一般の外国人と帰化要件は同じ箇所が多いですが、次の項目にご注意ください。

・住居要件の緩和

日本人と結婚している外国人は、住居要件が少し緩和されます。
通常、一般的な外国人の方の住居要件は、5年以上日本に住んでいることですが、日本人と結婚している外国人は、「引き続き3年以上日本に住所を有し、現在も日本に住所を有していること」と緩和されます。

これは、例えば、留学生で3年日本に住んでいれば、日本人と結婚した時点で帰化の要件を満たします。留学生でも会社員でも構いませんが、3年以上日本に住んでいる外国人は、日本人と結婚

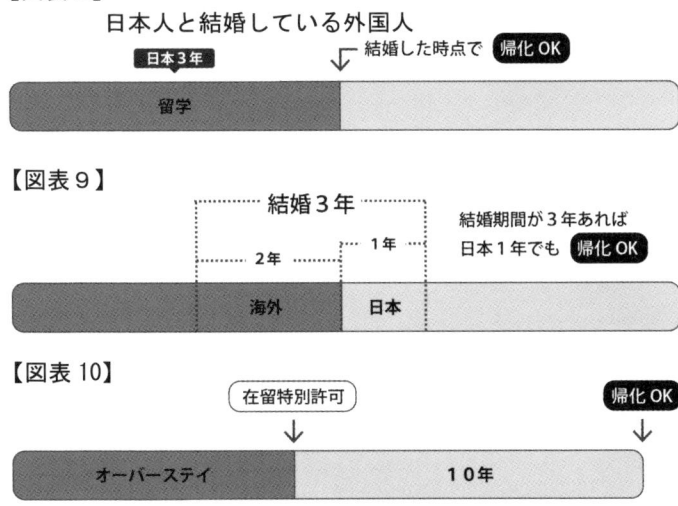

第1章　帰化申請の要件を把握しよう

【図表8】
日本人と結婚している外国人
日本3年　　　結婚した時点で　帰化OK
留学

【図表9】
結婚3年
2年　　1年
結婚期間が3年あれば
日本1年でも　帰化OK
海外　日本

【図表10】
在留特別許可　　　　　　帰化OK
オーバーステイ　　10年

しさえすれば帰化できます。結婚してから3年待たなければならないと誤解している人が多いですが、そうではないのです。既に3年以上住んでいる実績があれば、日本人と結婚した時点で要件を満たします（図8参照）。

3年以上日本に住んでいなくても帰化できる要件がもう一つあります。「婚姻の日から3年を経過し、引き続き1年以上日本に住所を有していること」です。これは、日本に1年しか住んでいなくても、結婚してから3年以上経過しているならOKということです。

例えば、海外で日本人と結婚した場合を考えてみましょう。日本人が仕事で中国に住んでいて、中国人と中国で結婚した場合です。日本人と中国人が結婚して2年中国に住んで、駐在期間が終わり、日本へ2人で引っ越ししました。それから1年以上日本に住めば、帰化要件はO

35

Kです（図9参照）。

日本人と結婚している外国人の方でご注意いただきたいのは、日本人と結婚していても過去にオーバーステイで在留特別許可を取った方です。こういう方は、在留特別許可をとった日から10年以上たっていることが必要です。この場合では、3年ではダメなので注意してください（図10参照）。

・就労経験

日本人と結婚している外国人の方については、本人の就労経験は問われません。

・年金

日本人と結婚している外国人の年金についてですが、厚生年金に入っている日本人と結婚していて、さらに扶養を受けている外国人の方は「3号被保険者」に該当しますので、年金の問題がなくなります。ただし、日本人が国民年金の場合や、扶養を受けていない場合は、外国人にも年金の支払い義務が生じます。

・生計要件

日本人と結婚している外国人の方は、無職でも大丈夫です。主婦といった場合です。ただし、日本人の旦那さんが生計要件を満たしている必要があります。

36

# 第2章 帰化申請の現実的・具体的スケジュール

## 1 本人が自分で申請を進める場合

書類準備から帰化申請までのスケジュールは、大別すると、本人が自分で申請を進める場合、行政書士がサポートする場合の二つのケースがあります。それぞれについて、見ていくことにしましょう。

本人が自分で申請を進める場合は、次のようなスケジュールと内容になります。

① **管轄の法務局に相談予約**

まず、自分一人で申請手続きをする場合は、まず、帰化申請できるかどうかを確認するために、法務局に相談に行ってください。

相談は、予約が必要です。いきなり行っても、通常は、相談さえ受け付けてもらえませんので、必ず電話で相談の予約してください。混んでいることが多いので、2週間から1か月先の予約となることが多いようです。

② **法務局で相談（1時間前後）**

法務局の相談においては、家族関係とか仕事のことを詳しく聞かれます。その上で担当官に申請

38

第2章　帰化申請の現実的・具体的スケジュール

ができると判断してもらえたら、申請に必要な収集書類を教えてもらえます。

③ **書類収集と再度の法務局での相談**

②の際に指示された書類を集めた後、一式を持って再度法務局へ電話予約してから相談に行きます。

このときに「帰化許可申請の手引き」と「必要書類一覧表」をもらえることが多いです。

④ **申請書作成と法務局での最終確認**

「帰化許可申請の手引き」等に基づいて申請書を作成し、不備がないか法務局に持ち込んで最終確認をしてもらいます。

※申請書類に不備がなければ、改めて申請受付日時を決定してもらいます。
※東京法務局など一部の大きな法務局は、書類が揃っていれば当日受付もしてもらえます。
※不備があれば、申請書を修正したり、足りない書類を集め直してから、予約して法務局へ行きます。不備があれば、何度でも予約して法務局へ行くことになります。

⑤ **申請・受理**

決められた申請日時に法務局に出向き、受理してもらいます（1時間前後）。

39

⑥ 面接日時の連絡と面接

受理から約2〜3か月後に、法務局から面接日時調整の電話連絡があります。その面接日時には、法務局に出向き、面接を行います。面接は、1時間くらいです。基本的には、申請書の内容が確認されます。動機とかも聞かれます。結婚している方は、配偶者も来るように指示されることが多いようです。

その場合は、①本人面接、②配偶者面接、③夫婦一緒に面接がなされる可能性が高いです。後は、定期券を見せてくださいと言われることも多いようです。本当に申請書類に記載されている会社で働いているかどうか、定期券で確認を取っているわけです。

なお、面接後に自宅訪問をされることもあります。

⑦ 審査

審査では、勤務先会社への調査や日本人配偶者の実家への訪問などをする場合もあるようです。また、審査期間中には、法務局から本人に対して質問や追加書類の要求が来るケースがあり、適切に対応することが必要になります。

⑧ 許可

法務局担当官から電話連絡があります。また、帰化の許可は、官報に掲載されます。申請受付か

40

第２章　帰化申請の現実的・具体的スケジュール

ら10か月～1年で結果が出ます。

## 本人が自分で申請を進める場合の注意事項

自分で申請する方にぜひ気をつけておいてほしいことがあります。不用意な発言もすべて記録されるということです。「全くやましいことはない！」という人は問題ないのですが、「年金を払うのを忘れていた」とか、「税金を払うのを忘れていた」など、すべきことをちゃんとせずに、準備なしに法務局へ行くと、もしかしたら申請に問題が発生してしまうかもしれません。

したがって、不安な点があれば、行政書士などのプロに相談していただきたいと思います。

また、書類作成の書き直しや、指示されている書類とは違った書類を集めてしまっていたり、そもそも取り方がわからなかったり、さらに時間がなかったりで、なかなか準備が進まず頓挫してしまう方も多いようです。実際に頓挫してしまってから私の事務所にご相談に来られる方も多いのです。

## ２　行政書士がサポートする場合

行政書士がサポートする場合は、次のようなスケジュールと内容になります。

① **帰化申請を専門に扱っている行政書士に相談予約**

確実に帰化許可を取りたい、不安な点がある、面倒なことは任せたい、時間がないという方は、行政書士などの専門家を利用することをおすすめします。

行政書士に依頼する場合は、帰化を専門に扱っているかどうかを事前に確認しましょう。行政書士というのは、取扱分野が幅広いので、自分の専門分野外の内容についてはあまり知識がないものです。例えば、病院なら、眼科と整形外科みたいに違ってきてしまいます。目なら眼科、足のねんざなら整形外科に行くように、帰化なら帰化専門の行政書士に相談することがポイントです。

② **行政書士に相談**

行政書士への相談では、まず帰化要件を満たしているかを診断してもらいます。その上で、行政書士が案件を受任できる場合は、サービスの内容や行政書士報酬の説明を受けます。必要な収集書類を教えてもらえます。

③ **依頼・着手金の支払い**

②の説明を受けて、依頼を決定した場合は、一般的に、総報酬の50％を着手金として支払うケースが多いですが、支払方法は事務所ごとに異なりますから、確認が必要です。

42

## 第2章　帰化申請の現実的・具体的スケジュール

### ④ 書類の収集と申請書類作成

必要書類の収集や帰化申請書類一式の作成は、行政書士が行います。

申請人にとっては膨大な必要書類を代わりに集めてもらえるのは、労力や時間節約の面で大きなメリットになるはずです。国内で集める戸籍謄本や住民票などの各種書類は、有効期限が3か月です。

自分で申請する方は、相当計画的に動かないと再度取得しなければならないことがよく発生してしまいます。行政書士に依頼しておけば、時間切れで書類を取り直しになってしまうという手間も省けます。

また、何枚もある帰化申請書類作成に自分で取りかかる必要がなくなり、大きな心理的負担の軽減になるはずです。

自分で作成しても必ずミスが発生してしまうものですので、プロに任せたほうが安心面では大きいかと思います。

### ⑤ 申請・受理

書類が整ったら、法務局に予約の上、行政書士と共に法務局へ行き申請をします。

なお、帰化申請は、本人申請が原則です。そのため、かつては、申請や相談時に行政書士の同席を認めてくれない法務局が多かったのですが、最近は東京を始め、行政書士の同席を認める法務局

が増えているようです。

⑥ **面接日時の連絡と面接**

受理から約2～3か月後に、法務局から面接日時調整の電話連絡があります。

行政書士にサポートを依頼している場合は、申請人ごとの個別具体例に合わせて面接で注意すべき点のコンサルティングを受けられます。

なお、面接については、申請時とは違い行政書士の同席は通常認められておりません。その面接日時には、法務局に出向き、面接を行います。面接は、1時間くらいです。面接内容は、行政書士のサポートなしの場合と同じです。重複しますが、紹介しておきます。

基本的には、申請書の内容が確認されます。動機とかも聞かれます。結婚している方は、配偶者も来るように指示されることが多いようです。

その場合は、①本人面接、②配偶者面接、③夫婦一緒に面接がなされる可能性が高いです。

後は、定期券を見せてくださいと言われることも多いようです。本当に申請書類に記載されている会社で働いているかどうか、定期券で確認を取っているわけです。

なお、面接後に自宅訪問をされることもあります。

⑦ **審査**

審査では、行政書士のサポートなしの場合と同様、勤務先会社への調査や日本人配偶者への実家

44

## 第2章 帰化申請の現実的・具体的スケジュール

への訪問などをする場合もあるようです。

また、審査期間中には、法務局から本人に対して質問や追加書類の要求が来る場合があります。

その際に、自分1人で申請した方は、相談する相手がいないので不安になる方も多いようです。

しかし、行政書士にサポートを依頼している場合は、その都度相談しながら対処していくことができます。

さらに、住所が変わった、子どもが生まれた、転職したときなどの必要書類収集や追加の書類作成も代行してもらえます。

### ⑧ 許可

行政書士のサポートなしの場合と同様、法務局担当官から電話が来ます。また、帰化の許可は、官報に掲載されます。申請受付から10か月〜1年ほどかかります。

### 行政書士の活用が便利

このように行政書士に依頼すると、かなりの業務量と精神的負担が軽減されます。行政書士報酬は、事務所ごと、さらにはどこまでサポートするかのサービス内容により違いますが、おおむね10万円〜25万円の範囲で受任している事務所が多いように思います。

なお、基本的には、会社経営者は通常の会社員の方より必要書類が多くなる関係上、報酬も高く

45

設定されているのが普通です。

帰化申請について専門性のある行政書士は、収集すべき必要書類を事前にリストアップするために本人を事前相談には行かせることもありませんし、通常は一発で申請が受け付けられ、何度も法務局へ足を運ぶ手間もありません。

いずれにしても、申請受理の後の審査期間というのは法務省での処理ですので、行政書士に依頼したからといって審査期間が早くなることは通常ありませんが、申請に至るまでの調査時間・準備検討時間・書類作成時間・書類収集時間が圧倒的に短縮できるはずです。

# 第3章 申請に必要な書類を集めよう

筆者は、行政書士として実務を行っていく中で、いきなり電話で「帰化の必要書類を教えてください！」という方によく出くわします。しかし、率直に申し上げると、その方の個別事情がわかりませんので、「わかりません」と答えざるを得ないのです。知識がないわけでも、ケチなわけでもなく、その方の職業、家族関係、資産、国籍によって申請に必要な書類が各々異なってくるため、細かくヒアリングを取ったうえでなければ、その方に合った必要書類がそもそもリストアップできないのです。

次に、書類の収集先別に、一つひとつの書類の収集の仕方と注意点を見ていきましょう。

揃える書類は、主に職業、家族関係、資産、国籍によって個々人で異なるのです。

## 1 市役所・区役所で取得する書類

市役所・区役所で取得する必要書類には、次のものがあります。

① 住民税関係

【一般的な場合】

□ **住民税の納税証明書**（同居の家族分も必要）直近1年分

納税証明書は、毎年6月に直近年度のものが取得できるようになりますが、6月前後に申請時期

48

## 第3章 申請に必要な書類を集めよう

がかぶる方は2年分必要になることがあります。

□ **住民税の課税証明書**（同居の家族分も必要・子供を除く）直近1年分の住民税に未納があると帰化は許可になりませんので、未納がある方は、必ず支払いをしてから納税証明書を取得してください。

【本人、配偶者が非課税（働いていない）の場合】

□ **非課税証明書**

役所に申告していないと非課税証明書自体が出ないので申告が必要になります。収入がなかったり、収入が低い場合は税金が課税されませんので、課税されていないことの証明として非課税証明書が必要になります。

住民税証明書を取るための申請書は、図表11のとおりです。記入ポイントは、次のとおりです。

❶ 窓口に来た人の情報を書きます。
❷ 誰の・どの証明がほしいかの情報を書きます。同一世帯の親族のものは取得できます。
❸ 「12 その他」の（ ）の中に「帰化申請のため法務局」と書きます。

② 住民票、戸籍謄本関係

【一般的な場合】

□ 住民票

49

【図表11 住民税証明書の申請書】（東京都台東区の例）

ダウンロードサービス

# 特別区民税・都民税証明交付申請書

台東区長　殿

平成　年　月　日

## 1　窓口に来た方はどなたですか

| 現住所 | ❶　　　　　　　　　　　電話番号　（　　　） |
|---|---|
| フリガナ | |
| 氏　名 | ㊞　　生年月日　明治・大正・昭和・平成　年　月　日 |
| 証明する人との続柄 | 1 本人　2 同一世帯の親族【関係　　　】　3 代理人（委任状が必要です） |

## 2　どなたの証明が必要ですか

❷

（例：平成26年度の証明書は、平成26年1月1日現在の住所が記載されます。）

| 証明する年度の1月1日の住所 | □同上　台東区　　　丁目　　番　―　号 |
|---|---|

| | フリガナ | | 生年月日 |
|---|---|---|---|
| ① | 氏・名 | □同上 | 明治・大正・昭和・平成　年　月　日 |
| ② | フリガナ | | 生年月日 |
| | 氏　名 | | 明治・大正・昭和・平成　年　月　日 |
| ③ | フリガナ | | 生年月日 |
| | 氏　名 | | 明治・大正・昭和・平成　年　月　日 |

| どの証明が必要ですか　※必要な証明に○をつけてください | ※ 記入された年度の前年の1月～12月までの収入(所得)が記載されます。<br>1　課税(非課税)証明書　平成　　年度　　通<br>2　納税証明書　　　　　平成　　年度　　通 |
|---|---|

## ❸　3　提出先・使用目的は何ですか（該当する番号に○をつけてください）

| 1．都営住宅・公営住宅 | 5　児童手当 | 9　自立支援・医療費助成 |
|---|---|---|
| 2　融資 | 6　公的年金 | 10　住宅課（家賃補助） |
| 3　扶養申請・健康保険証 | 7　入国管理局 | 11　国保組合 |
| 4　学校・保育園・幼稚園 | 8　シルバーパス | 12　その他（　　　） |

◎証明書には扶養や所得控除の記載があります。不要な場合はお申し出ください。

| ※本人確認 | 免・パ・保・住基カ・特永証・在留カ・外登・（　　　） |
|---|---|

| 交付番号 | ① | | | |
|---|---|---|---|---|
| | ② | | | |
| | ③ | | | |

| 受付 |
|---|
| |

50

# 第3章　申請に必要な書類を集めよう

省略事項なしの住民票を取得してください。

□ **住民票の除票**

2012年7月以降に引越しした人は、必要となります。

次のケースでは、個別に合わせてください。

【配偶者または婚約者、子が日本人の場合】

□ **戸籍謄本**

戸籍謄本は、本籍地のある役所に請求します。現住所と本籍地が違うことがあるので要注意です。

□ **除籍謄本**

戸籍謄本に婚姻日の記載がない場合は、除籍謄本や改正原戸籍でさかのぼります。

□ **戸籍の附票**

日本人の配偶者がいて結婚期間が長い場合は、同居歴を見るため求められることがあります。

【両親の一方が日本人の場合】

□ **戸籍謄本**

戸籍謄本に両親の結婚の記載がない場合は、除籍謄本や改正原戸籍でさかのぼります。

□ **戸籍謄本**

両親、兄弟姉妹の中で帰化した者がいる場合

□ **帰化した記載のある戸籍謄本**

現在の戸籍謄本では、帰化した記載がない場合で、特に結婚・死亡や転籍があるケースでは、除

51

籍謄本や改正原戸籍を取得していき、帰化した記載のある時期までさかのぼることが必要です。

【本人、兄弟姉妹が日本で生まれている場合】

□出生届の記載事項証明書

請求先は、出生届を出した市区町村役場です。

【両親が日本で結婚している場合】

□婚姻届の記載事項証明書

請求先は、両親が婚姻届を出した市区町村役場です。

【外国籍の方と離婚の場合に必要です。日本人と外国籍の結婚では取得できません。

【本人が外国籍の方と離婚したことがある場合】

□離婚届の記載事項証明書

請求先は、離婚届を出した市区町村役場です。

海外で離婚届をした場合は不要です。

裁判離婚の場合は確定証明書のついた審判書または判決書の謄本も必要です。

日本人と離婚したことがある場合は元配偶者の戸籍謄本を取得します。

【外国籍同士の両親が離婚したことがある場合】

□離婚届の記載事項証明書

請求先は、両親が離婚届をした市区町村役場です。

52

第3章　申請に必要な書類を集めよう

海外で離婚届をした場合は不要です。

両親が日本人と外国籍の場合は、離婚届の記載事項証明書が取得できません。日本人親の戸籍謄本を取得しますが、再婚や転籍などしている場合は外国籍親の記載がないので、除籍謄本を取って実親の記載がある時期までさかのぼります。

【両親、配偶者、子が日本で死亡している場合】

□死亡届の記載事項証明書

請求先は、死亡届を出した市区町村役場です。

戸籍謄本と記載事項証明書の請求書は、図表12のとおりです。記入ポイントは、次のとおりです。

❶ 請求書を書いた日付を記入します。
❷ 日本人の場合：戸籍や証明書を必要とする人の本籍地を書きます。
外国人の場合：すでに印刷済みの文字を二重線で消し、国籍を書きます。
❸ 名前とフリガナを書きます。
❹ 日本人の場合：筆頭者（戸籍の最初に書いてある人の名前）を書きます。
外国人の場合：証明書を必要とする人（証明される人）の名前を書きます。
❺ 必要な証明に「1」通と記入します。

さらに、❺、❻、❼、❽の各欄に必要な事項を記入し、提出します。なお、記載事項証明書の場合は、❹の右の「例」のように、何の届か、誰の証明か等がわかるように記入することが肝要です。

53

【図表12 戸籍証明等の請求書】（東京都台東区の例）

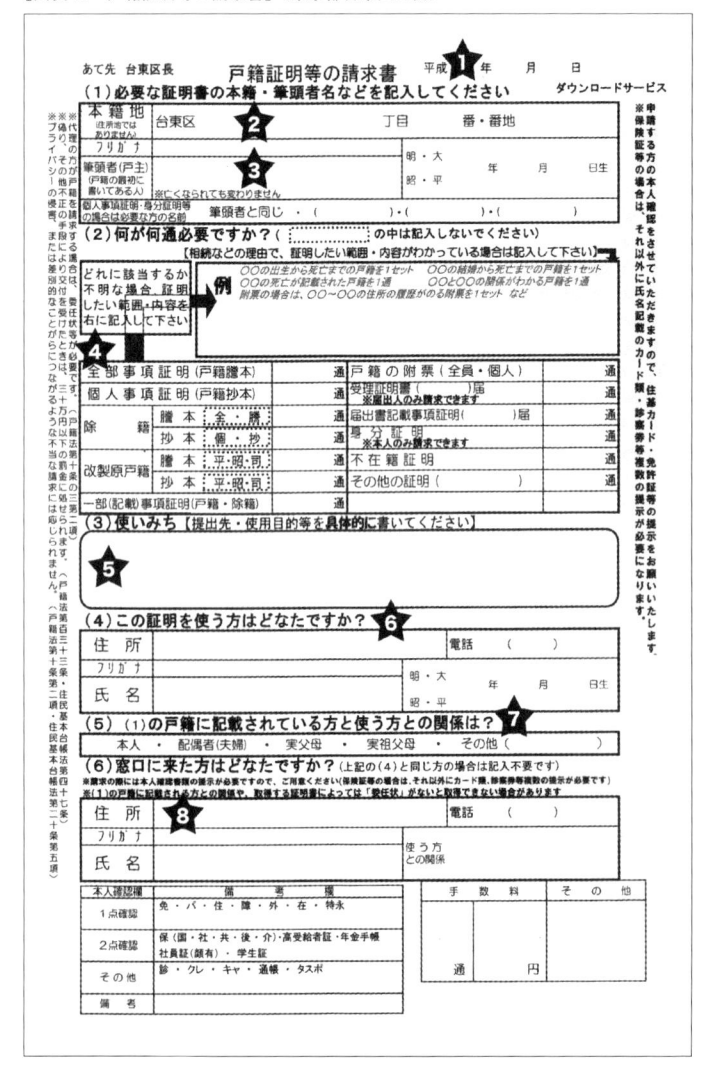

第3章　申請に必要な書類を集めよう

## 2　法務局で取得する書類

登記関係

【一般的な場合】

次に掲げる人以外は、法務局で取得する書類の必要はありません。

【マンション、土地、建物を所有している場合】

□建物の登記事項証明書

□土地の登記事項証明書

居住用、投資用に関係なく、本人だけでなく、同居の家族が所有している場合も必要です。

不動産の登記事項証明書の申請書は、図表13のとおりです。

【法人経営者の場合】

□法人の登記事項証明書

会社を経営している場合（同居の親族の誰かが経営している場合でも）に必要な証明書です。

法人の登記事項証明書の申請書は、図表14のとおりです。

交付された登記事項証明書を元に帰化申請書の1つである「事業の概要」を記入します。

55

【図表13 不動産登記事項証明書の申請書】

# 登記事項証明書 登記簿謄本・抄本交付申請書

不動産用

※ 太枠の中に記載してください

| | |
|---|---|
| 住所 | 収入印紙欄 |
| フリガナ<br>氏名 | 収入印紙 |

※地番・家屋番号は、住居表示番号（〇番〇号）とはちがいますので、注意してください。

| 種別<br>(レ印をつける) | 郡・市・区 | 町・村 | 丁目・大字・地字 | 番 | 家屋番号<br>又は所有者 | 請求通数 |
|---|---|---|---|---|---|---|
| 1 □土地 | | | | | | |
| 2 □建物 | | | | | | |
| 3 □土地 | | | | | | |
| 4 □建物 | | | | | | |
| 5 □土地 | | | | | | |
| 6 □建物 | | | | | | |
| 7 □土地 | | | | | | |
| 8 □建物 | | | | | | |
| 9 □財団（□目録付）<br>□船舶<br>□その他 | | | | | | |

※共同担保目録が必要なときは、以下にも記載してください。
次の共同担保目録を「種別」欄の番号＿＿＿番の物件に付ける。
　□現に効力を有するもの　□全部（抹消を含む）　□（　）第＿＿＿号

※該当事項の□にレ印をつけ、所要事項を記載してください。

□ **登記事項証明書・謄本**（土地・建物）
　**専有部分の登記事項証明書・抄本**（マンション名＿＿＿＿＿＿）
　□ただし、現に効力を有する部分のみ（抹消された抵当権などを省略）

□ **一部事項証明書・抄本**（次の項目も記載してください。）
　共有者＿＿＿＿＿＿＿＿＿＿に関する部分

□ **所有者事項証明書**（所有者・共有者の住所・氏名・持分のみ）
　□所有者　□共有者＿＿＿＿＿＿

□ コンピュータ化に伴う**閉鎖登記簿**
□ 合筆、滅失などによる**閉鎖登記簿・記録**　昭和/平成＿年＿月＿日閉鎖）

収入印紙は割印をしないでここに貼ってください。（登記印紙も使用可能）

| 交付通数 | 交付枚数 | 手数料 | 受付・交付年月日 |
|---|---|---|---|
| | | | |

(乙号・1)

【図表 14　法人の登記事項証明書の申請書】

会社法人用

# 登記事項証明書<br>登記簿謄抄本　交付申請書<br>概要記録事項証明書

※ 太枠の中に書いてください。

（地方）法務局　　支局・出張所　　平成　年　月　日　申請

| | | |
|---|---|---|
| 窓口に来られた人（申請人） | 住　所 | 収入印紙欄 |
| | フリガナ<br>氏　名 | 収入印紙 |
| 商号・名称（会社等の名前） | | 収入印紙 |
| 本店・主たる事務所（会社等の住所） | | |
| 会社法人等番号 | | |

※　必要なものの□にレ印をつけてください。

| 請　求　事　項 | | 請求通数 |
|---|---|---|
| ①全部事項証明書（謄本）<br>□　履歴事項証明書（閉鎖されていない登記事項の証明）<br>※現在効力がある登記事項に加えて、当該証明書の交付の請求があった日の３年前の日の属する年の１月１日から請求があった日までの間に抹消された事項等を記載したものです。<br>□　現在事項証明書（現在効力がある登記事項の証明）<br>□　閉鎖事項証明書（閉鎖された登記事項の証明）<br>※当該証明書の交付の請求があった日の３年前の属する年の１月１日よりも前に抹消された事項等を記載したものです。 | | 通 |
| ②一部事項証明書（抄本）<br>□　履歴事項証明書<br>□　現在事項証明書<br>□　閉鎖事項証明書<br>※商号・名称区及び会社・法人状態区は，どの請求にも表示されます。 | ※ 必要な区を選んでください。<br>□　株式・資本区<br>□　目的区<br>□　役員区<br>□　支配人・代理人区<br>※２名以上の支配人・参事等がいる場合で、その一部の者のみを請求するときは、その支配人・参事等の氏名を記載してください。<br>（氏名　　　）<br>（氏名　　　）<br>□　その他（　　　） | 通 |
| ③□代表者事項証明書　（代表権のある者の証明）<br>※2名以上の代表者がいる場合で，その一部の者の証明のみを請求するときは，その代表者の氏名を記載してください。（氏名　　　） | | 通 |
| ④コンピュータ化以前の閉鎖登記簿の謄抄本<br>□　コンピュータ化に伴う閉鎖登記簿謄本<br>□　閉鎖謄本（　　年　月　日閉鎖）<br>□　閉鎖役員欄（　　年　月　日閉鎖）<br>□　その他（　　　） | | 通 |
| ⑤概要記録事項証明書<br>□　現在事項証明書（動産譲渡登記事項概要ファイル）<br>□　現在事項証明書（債権譲渡登記事項概要ファイル）<br>□　閉鎖事項証明書（動産譲渡登記事項概要ファイル）<br>□　閉鎖事項証明書（債権譲渡登記事項概要ファイル）<br>※請求された登記記録がない場合には，記録されている事項がない旨の証明書が発行されます。 | | 通 |

収入印紙は割印をしないでここに貼ってください。

（登記印紙も使用可能）

| 交付通数 | 交付枚数 | 手数料 | 受付・交付年月日 |
|---|---|---|---|
| | | | |

（乙号・６）

## 3 税務署・都税事務所・県税事務所・市税事務所で取得する書類

税金関係

【給与所得者（会社員）で確定申告している方】
2か所以上の勤務先から給与をもらっている場合や、副業や不動産投資をしている方のみです。
□ 個人の所得税の納税証明書（その1、その2）

【法人経営者の場合】
経営する法人が複数の場合はそれぞれの法人分が必要です。
代表取締役以外にも役員に入っている場合は必要です。
同居の家族が法人経営者の場合も必要です。
□ 法人税納税証明書（その1、その2）　直近3年分
□ 消費税納税証明書　直近3年分（課税対象：前々年の売上が1,000万円を超える場合に必要）
□ 事業税納税証明書　直近3年分（課税対象：年290万円以上で必要）
□ 法人都・県・市・民税納税証明書　直近1年分
□ 経営者個人の所得税納税証明書（その1、その2）　直近3年分

58

## 第3章 申請に必要な書類を集めよう

消費税と事業税の納税証明書は、そもそも売上の問題で課税対象となっていない場合は不要になります。

【個人事業主の場合】

□ 所得税納税証明書（その1、その2）　直近3年分
□ 消費税納税証明書　直近3年分（課税対象：前々年の売上が1,000万円を超える場合に必要）
□ 事業税納税証明書　直近3年分（課税対象：年290万円以上で必要）

同居の家族が個人事業主の場合も必要です。

消費税と事業税は、課税対象となっていない場合は証明書は不要になります。

法人経営者や個人事業主が税務関係書類を取得するため税務署や税務事務所等に提出する請求書は、図表15、16のとおりです。

記入ポイントは、次のとおりです。

❶ 氏名や社名を記入し捺印します。
❷ 必要な証明書にチェックを入れます。
❸ 必要な証明書の年度を記入します。
❹ 使用目的は、その他にチェックをし「帰化申請のため」と記入します。

証明書を取得した後に、万が一未納があることが判明した場合は、必ず完納した後に再度証明書を取得するようにしてください。

**【図表15-1　税務署への税証明書の請求書（法人税、消費税）】**

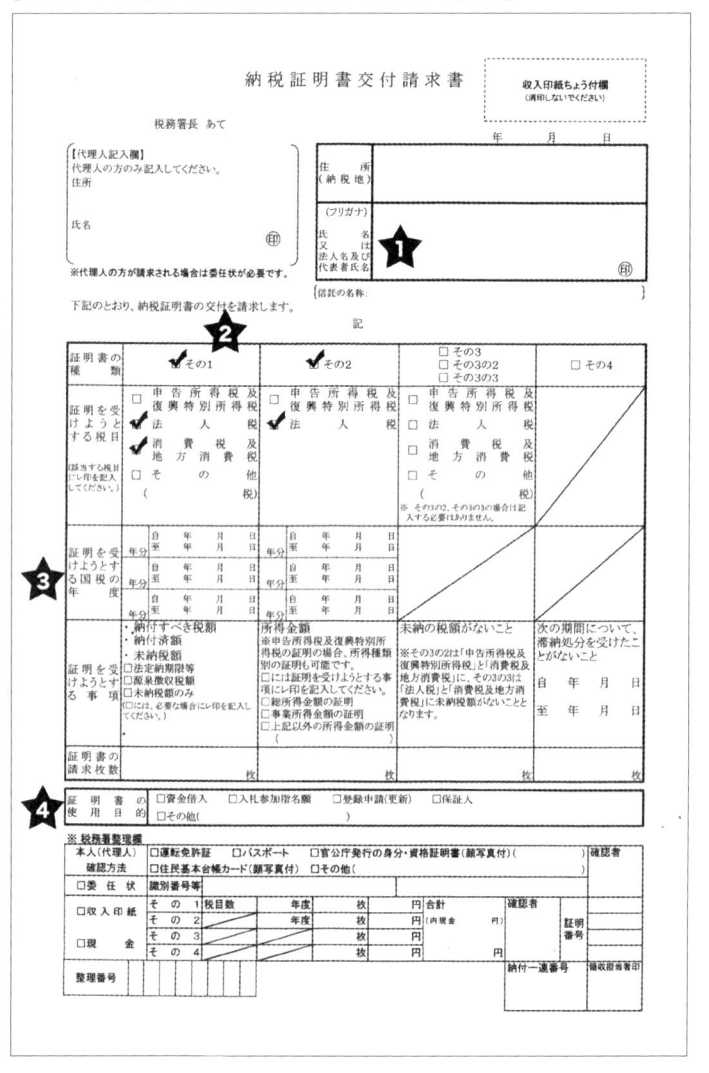

# 第3章 申請に必要な書類を集めよう

【図表15-2 税務署への税証明書の請求書（所得税）】

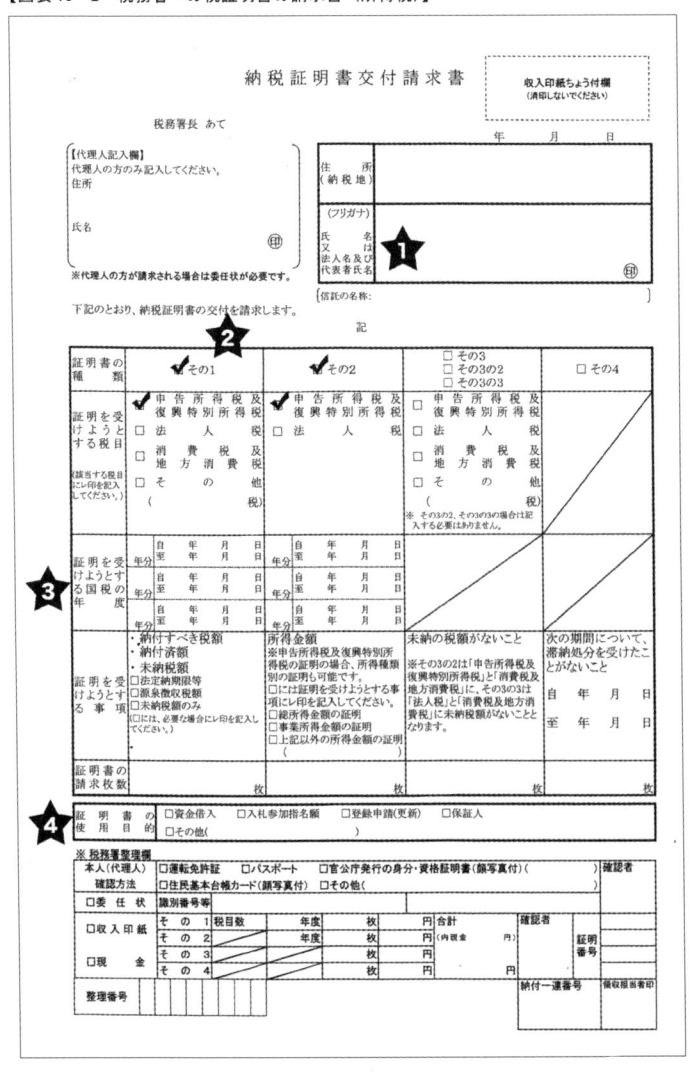

【図表 16　都税事務署への税証明申請書】（東京都の例）

## 納税（課税）証明申請書

平成　　年　　月　　日

東京都　　　　都税事務所長殿
次のとおり証明を申請します。

| | | |
|---|---|---|
| 法人番号（氏名コード） | | |
| 納税通知書番号等 | | |

| | | |
|---|---|---|
| 申請者（窓口に来られた方） | 住所 | |
| | フリガナ | |
| | 氏名（名称） | （法人の場合は代表者印）（印） |
| | 代表者氏名 | |
| | 連絡先電話 | |
| 納税義務者 | 住所 | （申請者と同一の場合は省略できます。） |
| | フリガナ | |
| | 氏名（名称） | |
| 証明を必要とする理由 | 1 金融機関提出　2 指名参加・入札　3 官公庁提出<br>4 保証協会提出　5 廃車・名義変更　6 その他（　） | |

| 証明を必要とする税目番号に○印をつけてください。 | | | | 必要枚数 |
|---|---|---|---|---|
| 申請税目 | 1 法人事業税・地方法人特別税 | 事業年度 | 年　月　日から<br>年　月　日まで | 枚 |
| | 2 法人都民税 | 事業年度 | 年　月　日から<br>年　月　日まで | 枚 |
| | 3 個人事業税 | 年度 | 年度〜　年度 | 枚 |
| | 4 固定資産税（土地家屋） | 年度 | 年度〜　年度 | 枚 |
| | 5 固定資産税（償却資産） | 年度 | 年度〜　年度 | 枚 |
| | 6 その他（　） | 年度 | 年度〜　年度 | 枚 |
| | 7 自動車税 | 年度 | 年度〜　年度 | 枚 |
| | | 登録番号 | | |

手数料確認欄

◎太線わく内の必要事項に記入してください。
◎法人が申請者の場合は、代表者印を押印してください。
◎委任状等をご持参の方は、申請者欄に受任者の住所氏名を記入してください。
◎申告納付（納入）後、おおむね１〜２週間以内に申請される場合は、申告書（控）及び領収証書をご提示ください。

号

| 証明枚数　枚 | 件 | 手数料　円 | 担当 |
|---|---|---|---|

| | |
|---|---|
| 確認欄 | 本人・代理人（委任状等）・従業員等 その他（　） |
| | 従業員等氏名・住所記録欄<br>氏名<br>住所 |

## 4 その他の書類

年金事務所等から取得する書類

【会社員の方】

厚生年金に加入していない場合で、国民年金を支払っている方。年金定期便でも可です。なお、年金定期便は、毎年1回誕生日の月に自宅に届きます。

厚生年金に加入していない場合で、国民年金を支払っている方。年金定期便を捨てずに持っていた場合は、年金定期便でも可です。

□年金保険料領収書の1年分のコピー
□国民年金保険料納付確認（申請）書

年金定期便も領収書も紛失した場合は、国民年金保険料納付確認書が必要となります。国民年金保険料納付確認（申請）書は、図表17-1のとおりです。

【法人経営者の場合】
□厚生年金保険料領収書のコピー

厚生年金保険料の領収書を紛失してしまった場合は、図表17-2を年金事務所に提出して証明書を取ります。

【図表17-1 国民年金保険料納付確認申請書】

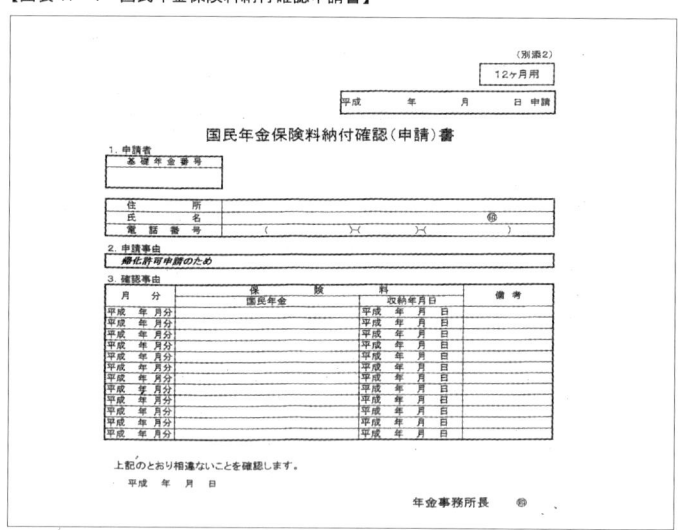

【図表17-2 社会保険料納付確認申請書】

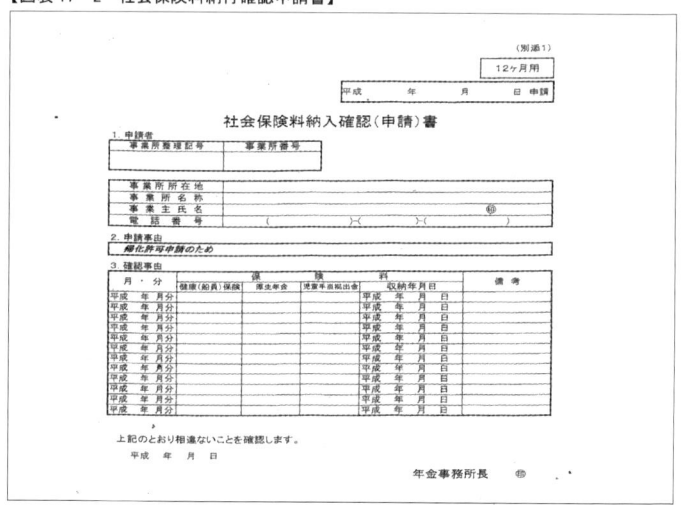

# 第3章　申請に必要な書類を集めよう

厚生年金に加入していなかった場合は、帰化申請に先立って厚生年金に加入したうえで、次の書類を準備します。

☐ 厚生年金加入届の控えコピー（加入後）

厚生年金の加入前の期間は、国民年金の支払義務がありますので、直近1年分の国民年金納付領収書を提出します。

勤務先から受領する書類

☐ 源泉徴収票（原本）　直近1年分（図表18参照）

直近1年度内に転職している場合は前職分の源泉徴収票も必要です。

☐ 在勤及び給与証明書（図表19参照）

申請月の前月分が必要です。

法人経営者、個人事業主も自己証明で必要です。

自動車安全運転センターから受領する書類

【運転免許証を持っている場合】

自動車安全運転センターへ請求して、次の書類を取得します。

☐ 運転記録証明書（過去5年分）

【図表18　給与所得の源泉徴収票】

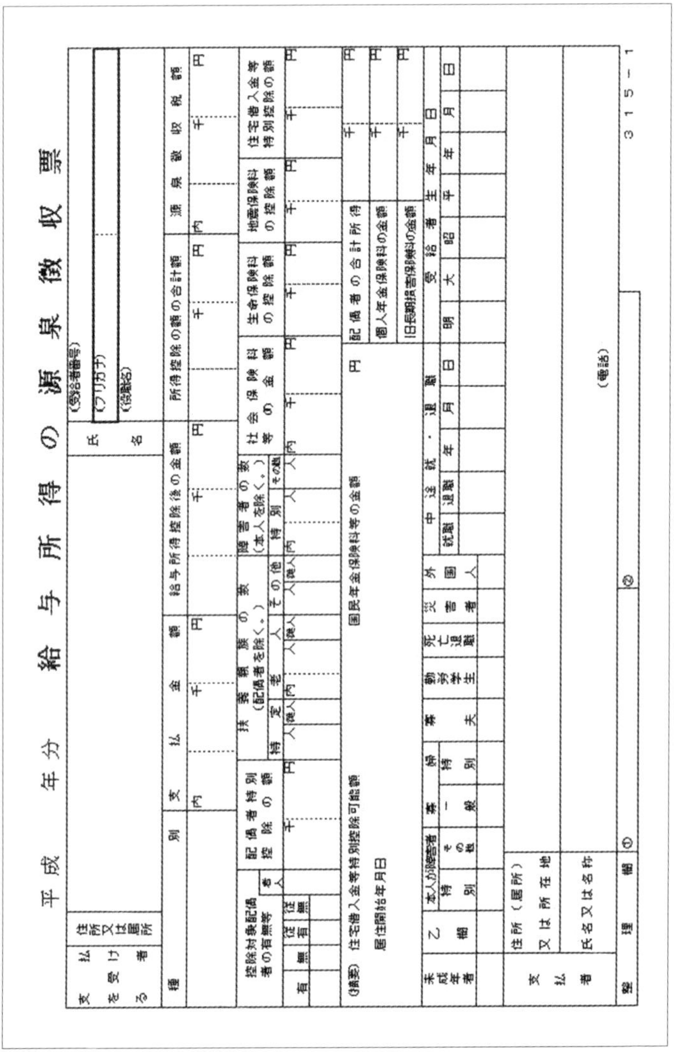

# 第3章　申請に必要な書類を集めよう

【図表 19　在勤及び給与証明書】

## 在勤及び給与証明書

住　所 _____

氏　名 _____　年　　月　　日生

職　種 （具体的に）_____

　　　　上記の者は　　　　年　　月　　日から

当社（所属課等）_____ に勤務し、

下記の給与を支給していることを証明します。

　　　　年　　月　　日

　　　　　　　　　　　　　　　　　　　　　　　印

| 給　与　関　係 ||||
|---|---|---|---|
| 年　　月分 ||||
| 収入 | 基　本　給 | 月　給 | 円 |
| | | 日　給 | （1か月支給額）　円 |
| | 時　間　外　勤　務　手　当 || 円 |
| | 家　族　手　当 || 円 |
| | 勤　務　地　手　当 || 円 |
| | そ　の　他　の　手　当 || 円 |
| | 交　通　費 || 円 |
| | || 円 |
| | 計 || 円 |
| 出 | 源　泉　所　得　税 || 円 |
| | 市　区　町　村　民　税 || 円 |
| | 健　康　保　険 || 円 |
| | 厚　生　年　金 || 円 |
| | 雇　用　保　険 || 円 |
| | 計 || 円 |
| 差　引　支　給　額 ||| 円 |
| 備　　考 ||||

【免許を失効したことがある方、取り消されたことがある方】
□運転免許経歴証明書
　最寄りの警察署で申請用紙（図表20参照）をもらい、郵便局で手数料を払い込んで申請すると、約2週間で自宅に届きます。

□スナップ写真（両親や兄弟姉妹、友人と写っているもの。別々の種類で3枚程度）
□証明写真（5㎝×5㎝。2枚）
スピード写真または写真屋で

コピーする書類
　コピーする書類は、申請時に原本の提示が必要です。原本は返却されます。
【基本的なもの】
□在留カードのコピー（表・裏）
□最終学歴の卒業証書のコピー
　卒業証書がない場合は、出身校から卒業証明書を取得する必要があります。
□運転免許証のコピー
□パスポートのコピー

# 第3章 申請に必要な書類を集めよう

【図表20　運転経歴証明書申込用紙】

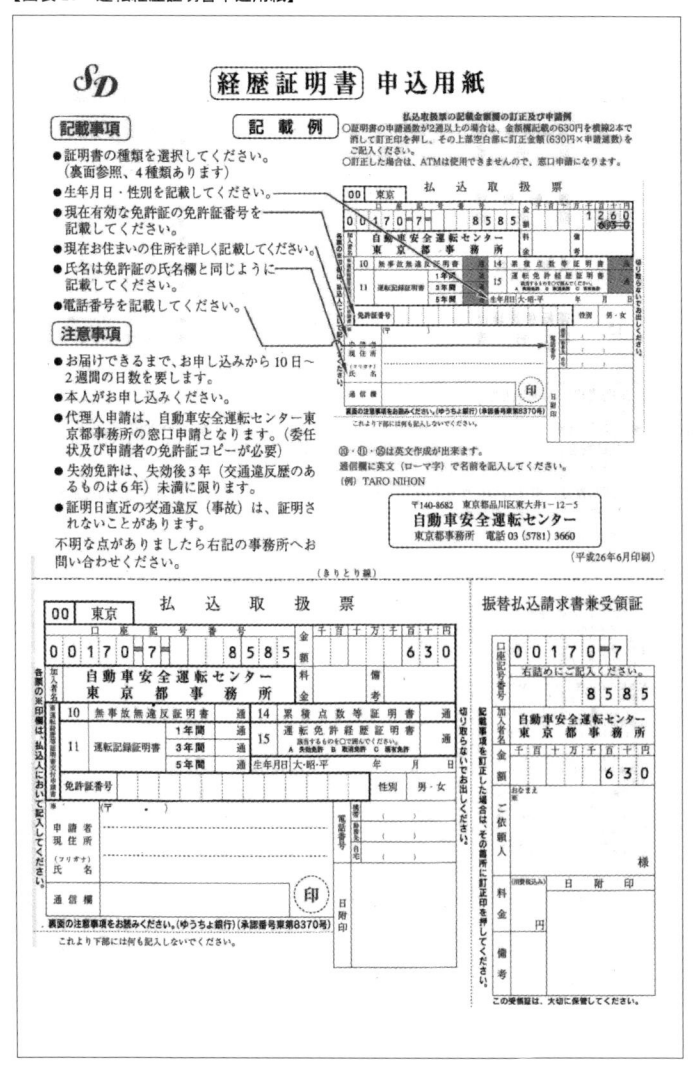

表紙、顔写真のページ、ハンコがあるページ全部です。現在所持しているパスポートと失効したパスポートも必要です。

【何か公的資格を持っている場合】
□医師、歯科医師、薬剤師、看護師、教員、美容師、建築士、調理師などの資格証明書のコピー

【賃貸物件に住んでいる場合】
□不動産賃貸借契約書の全部のページコピー

【2か所以上のところから給与をもらっている人や確定申告をしている給与所得者】
□確定申告書の控えのコピー（受付印があるもの）

【会社経営者・自営業者の場合】
□営業許可証のコピー（認可が必要なビジネスを行っている方）
□役員・自営業者個人としての確定申告書控えのコピー
□法人の確定申告書控えのコピー　直近1年分（受付印あるもの）
□源泉所得税の納付書（支払済み）のコピー　直近1年分（受付印あるもの）
□源泉徴収簿のコピー（本人にかかるもののみで可）
納付の特例を受けている場合は2枚分、毎月払っている場合は12枚分のコピーです。
□修正申告書控えのコピー（受付印あるもの）
【過去3期の中で法人税などを修正申告したことがある場合】

70

# 5 本国から取得する書類

■韓国籍の方■

韓国籍の方は、本国書類を韓国領事館で取得できます。すべての書類は、日本語翻訳と翻訳者の記名・押印が必要です。

なお、本国に戸籍がない方は、本国証明書類は取得できません。その場合は、取得書類の難易度が上がるので、専門家のサポートをおすすめいたします。

（本人の）
□ **基本証明書**（図表21－1）
□ **家族関係証明書**（図表21－2）
□ **婚姻関係証明書**（図表21－3）
□ **入養関係証明書**（図表21－4）
□ **親養子入養関係証明書**（図表21－5）
□ **除籍謄本**（図表21－6）
（父の）

- □ **家族関係証明書**(母の)
- □ **家族関係証明書**(父か母どちらか一方の)
- □ **婚姻関係証明書**

家族関係が複雑な場合は、電算化される前の除籍謄本を取得することを法務局から求められることもあります。

除籍謄本は、通常、図表21—6のようにコンピュータで打ち込まれた文書なのですが、これより以前の情報が必要な場合は「手書き」の除籍謄本を取得しなければならないケースも発生するのでご注意ください。

第3章　申請に必要な書類を集めよう

【図表21－1　韓国の基本証明書】

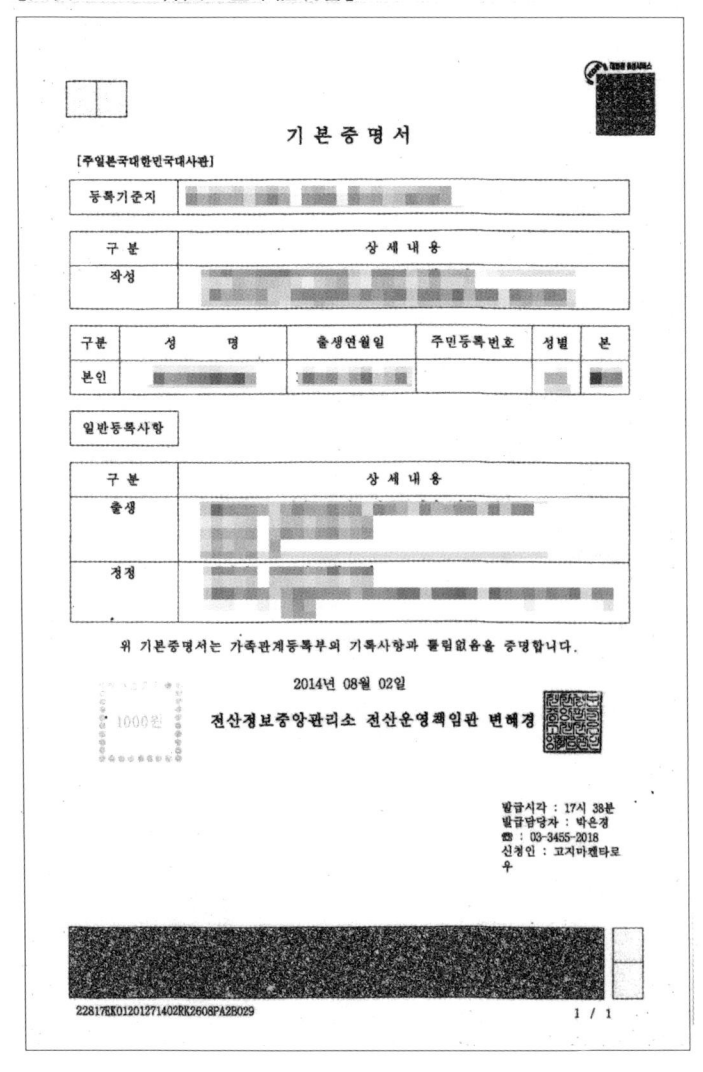

【図表 21-2　韓国の家族関係証明書】

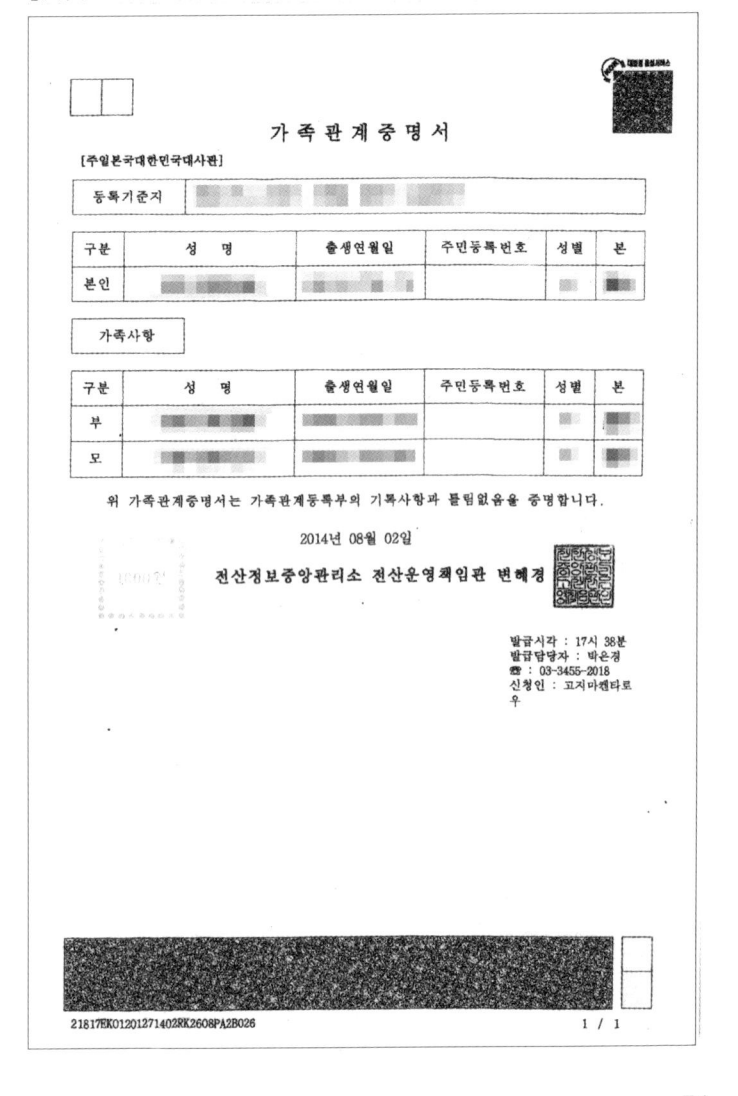

가족관계증명서

[주일본국대한민국대사관]

| 등록기준지 | |
|---|---|

| 구분 | 성 명 | 출생연월일 | 주민등록번호 | 성별 | 본 |
|---|---|---|---|---|---|
| 본인 | | | | | |

가족사항

| 구분 | 성 명 | 출생연월일 | 주민등록번호 | 성별 | 본 |
|---|---|---|---|---|---|
| 부 | | | | | |
| 모 | | | | | |

위 가족관계증명서는 가족관계등록부의 기록사항과 틀림없음을 증명합니다.

2014년 08월 02일

전산정보중앙관리소 전산운영책임관 변혜경

발급시각 : 17시 38분
발급담당자 : 박은경
☎ : 03-3455-2018
신청인 : 고지마켄타로우

21817EK01201271402RK2608PA2B026　　　　　1 / 1

第３章　申請に必要な書類を集めよう

【図表 21－3　韓国の婚姻関係証明書】

## 【図表 21－4　韓国の入養関係証明書】

# 입 양 관 계 증 명 서

[주일본국대한민국대사관]

| 등록기준지 | [illegible] |
|---|---|

| 구분 | 성 명 | 출생연월일 | 주민등록번호 | 성별 | 본 |
|---|---|---|---|---|---|
| 본인 | [illegible] | [illegible] | | [illegible] | [illegible] |

입양사항

| 구분 | 성 명 | 출생연월일 | 주민등록번호 | 성별 | 본 |
|---|---|---|---|---|---|
| 기록할 사항이 없습니다. | | | | | |

| 구 분 | 상 세 내 용 |
|---|---|
| 기록할 사항이 없습니다. | |

위 입양관계증명서는 가족관계등록부의 기록사항과 틀림없음을 증명합니다.
단, 친양자입양관계는 친양자입양관계증명서에만 표시합니다.

2015년 02월 17일

1000원

전산정보중앙관리소 전산운영책임관 변혜경

발급시각 : 11시 42분
발급담당자 : 이효진
☎ : 81-3-3455-2601
신청인 : 코지마

24811MA03208071503YU2A02FU21113　　1 / 1

第３章　申請に必要な書類を集めよう

## 【図表21-5　韓国の親養子関係証明書】

【図表21-6　韓国の除籍謄本】

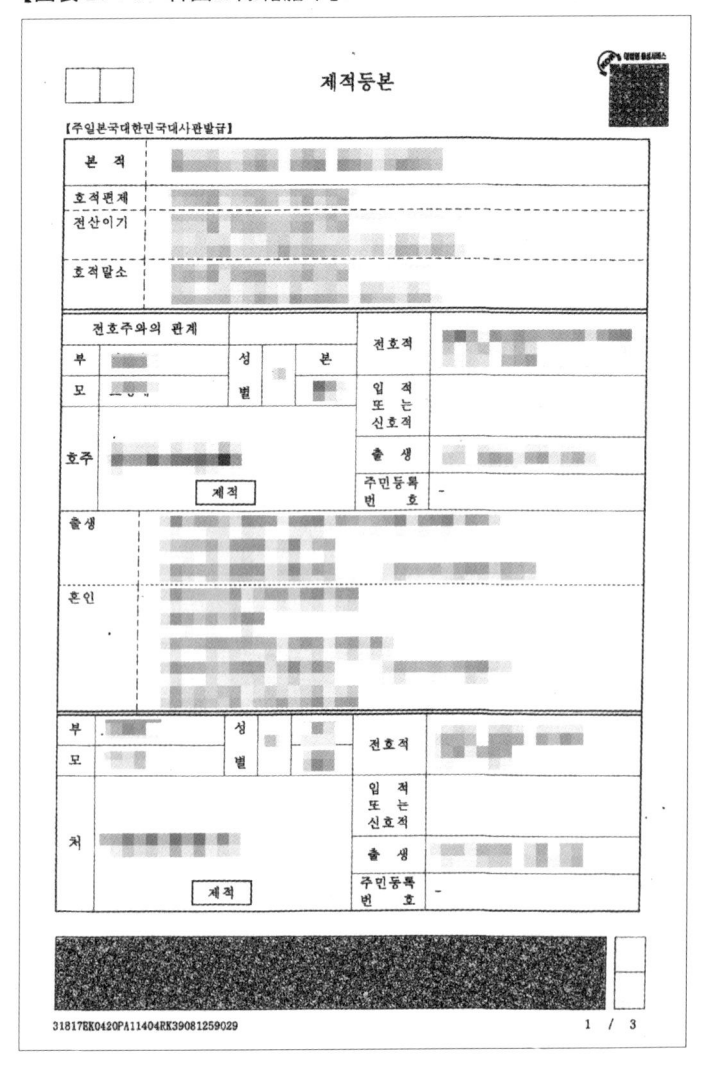

第3章　申請に必要な書類を集めよう

■中国籍の方■

中国の「公証処」で取得します。日本の公証役場にあたる機関です。すべての書類は、日本語翻訳と翻訳者の記名・押印が必要です。

(本人の)

□出生公証書（図表22－1）
日本生まれの場合は、出ません。その場合は、日本の役所で出生届の記載事項証明書を取得します。

□親族関係公証書（両親・兄弟姉妹・子が記載されているもの）（図表22－2）
日本生まれの場合は、出ません。その場合は、華僑総会で取得できます。

【結婚している場合】

□結婚公証書（図表22－3）
中国人同士の結婚で、日本の中国大使館で手続きした場合は、中国本土で取れませんので中国大使館で取得します。
日本人と中国人の結婚で、日本で最初に結婚した場合は、中国大使館では取得できません。中国本土で取得します。

【本人が離婚している場合】

□離婚公証書

【養子縁組している場合】

□養子公証書
（両親の）
□結婚公証書
【両親が離婚している場合】
□離婚公証書
【親や子が死亡している場合】
□死亡公証書
【求められた場合】
□国籍証書

中国人の方の国籍証明書に当たるのが「退出中華人民共和国国籍証書」です。この証書は、中国大使館へ図表22－4の申請書を提出して取得しますが、帰化したら中国籍を退出するという証書です。

以前は、この国籍証書を中国大使館に申請すると、自分のパスポートが切られてしまい、使えなくなりました。

そのため、別途、「旅行証」というパスポートの代わりになるものを同時に申請し・取得する必要がありましたが、現在は大丈夫です（パスポートは切られず有効）。

したがって「旅行証」の申請の必要はなくなりました。

80

第3章　申請に必要な書類を集めよう

【図表22-1　中国の出生公証書】

【図表 22-2　中国の親族関係公証書】

# 亲属关系公证书

(2010)沈皇证字第　号

申请人：■■■，男，■■■年■月■日出生，现住辽宁省沈阳市■■■■■■■■■■

关系人：■■■，男，■■■年■月■日出生，现住辽宁省沈阳市■■■■■■■■■■

■■■，女，■■■年■月■日出生，现住辽宁省沈阳市■■■■■■■■■■

兹证明申请人■■■是关系人■■■和■■■的儿子。

中华人民共和国辽宁省沈阳市皇姑公证处

公　证　员

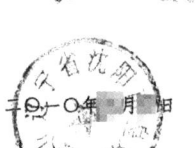

二〇一〇年　月　日

第3章　申請に必要な書類を集めよう

【図表22－3　中国の結婚公証書】

公　証　書

（2010）京方圆外民证字第○○○号

兹证明前面○○○与○○○的结婚证影印本与原本内容相符，原本上所盖的北京市丰台区革命委员会东铁匠营街道办事处之印鉴属实。

中华人民共和国北京市方圆公证处

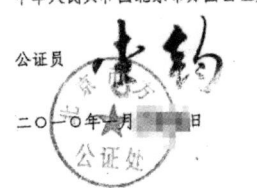

公证员

二〇一〇年○月○○日

【図表 22－4　中国の国籍証書の申請書】

## 退出中华人民共和国国籍申请书

| 姓　　名 |  | 入日本国籍后姓名 |  | 性别 |  | 照片<br>（3 cm×4cm） |
|---|---|---|---|---|---|---|
| 生年月日 |  |  | 护照号码 |  |  | |
| 现住址 |  |  |  |  |  | |
| 工作单位 |  |  | 联系电话 |  |  | |
| 退籍理由 |  |  |  |  |  | |

| | 姓　名 | 出生年月日 | 关系 | 国籍 | 现在住址及职业 |
|---|---|---|---|---|---|
| 家庭成员 | | | | | |
| | | | | | |
| | | | | | |
| 社会关系 | | | | | |

| | 起　止　时　间 | 学习或工作单位 |
|---|---|---|
| 个人简历 | 年　　月至　　　年　　月 | |
| | 年　　月至　　　年　　月 | |
| | 年　　月至　　　年　　月 | |
| | 年　　月至　　　年　　月 | |

本人自愿退出中华人民共和国国籍，放弃中华人民共和国公民的一切权力。本人保证所填申请属实。

申请人：＿＿＿＿＿＿　法定代理人：＿＿＿＿＿

＿＿＿＿年＿＿＿月＿＿＿日

# 第3章　申請に必要な書類を集めよう

■**韓国、中国以外の外国人の方が必要な一般的な本国書類**■

各国によって具体的な証明書は異なります。

□出生証明書（本人）
□婚姻証明書（本人・両親）
□離婚証明書（本人・両親）
□親族関係証明書　※この書類がない場合は両親・兄弟姉妹・子全員の出生証明書
□国籍証明書
□死亡証明書（両親・兄弟姉妹）

■**台湾の書式サンプル**■（図表23参照）

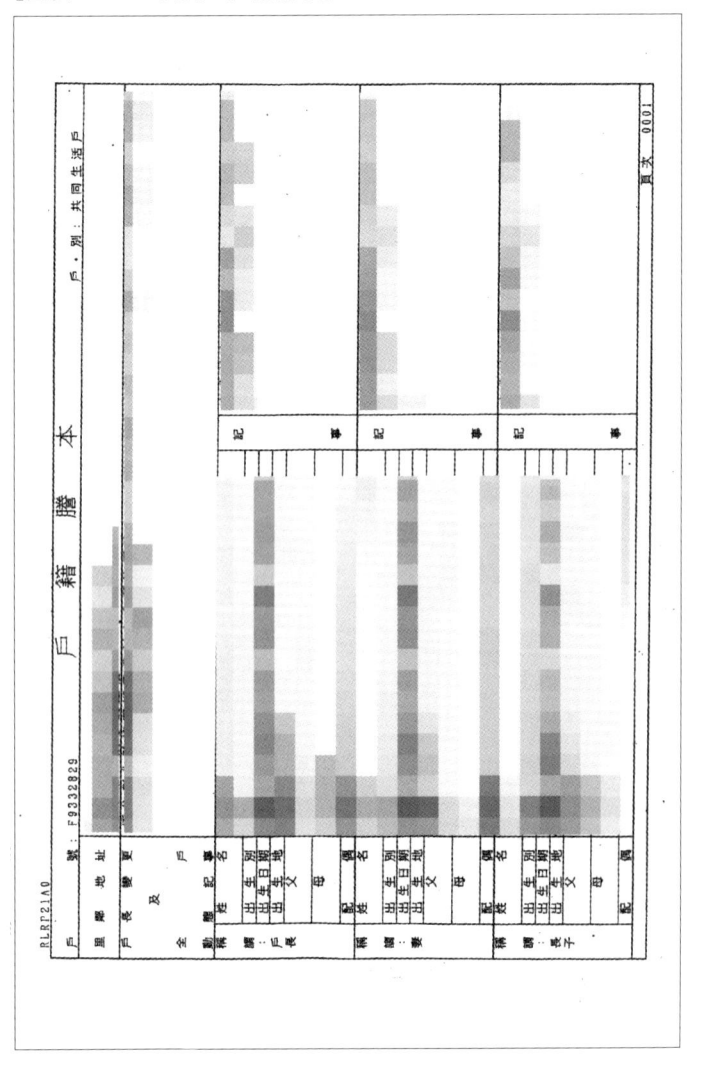

【図表 23−1　台湾の戸籍謄本】

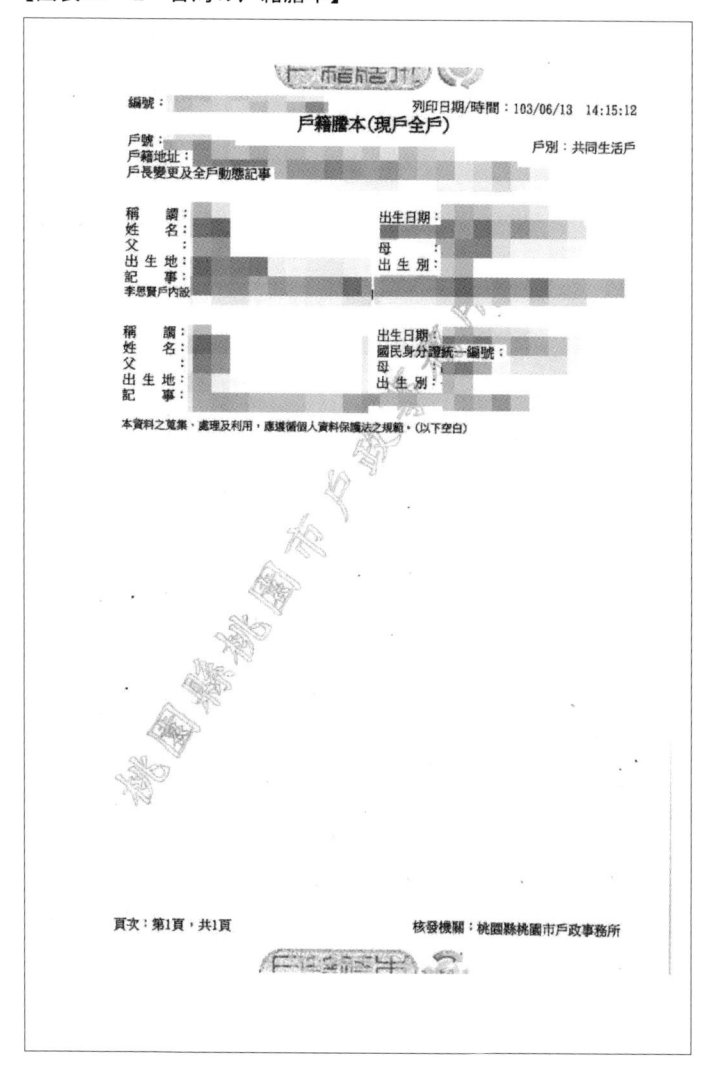

第3章　申請に必要な書類を集めよう

【図表23−2　台湾の戸籍謄本】

【図表 23-3　台湾の戸籍謄本（電子化前）】

第3章 申請に必要な書類を集めよう

【図表24-1 香港の出生証明書】

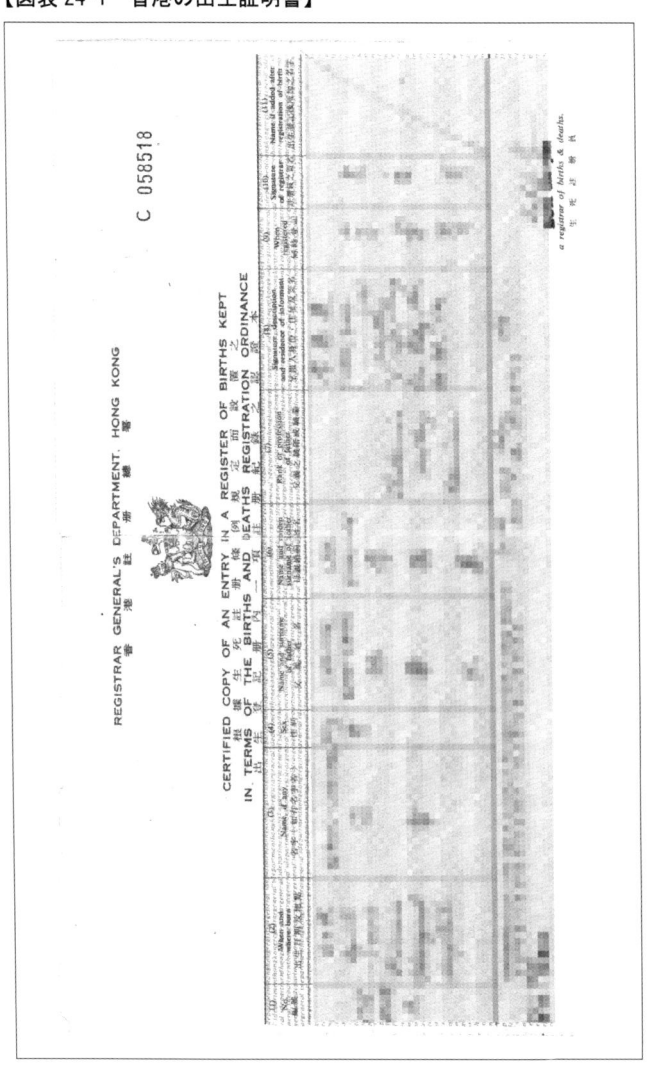

■香港の書式サンプル■（図表24参照）

## 【図表 24-2　香港の結婚証明書】

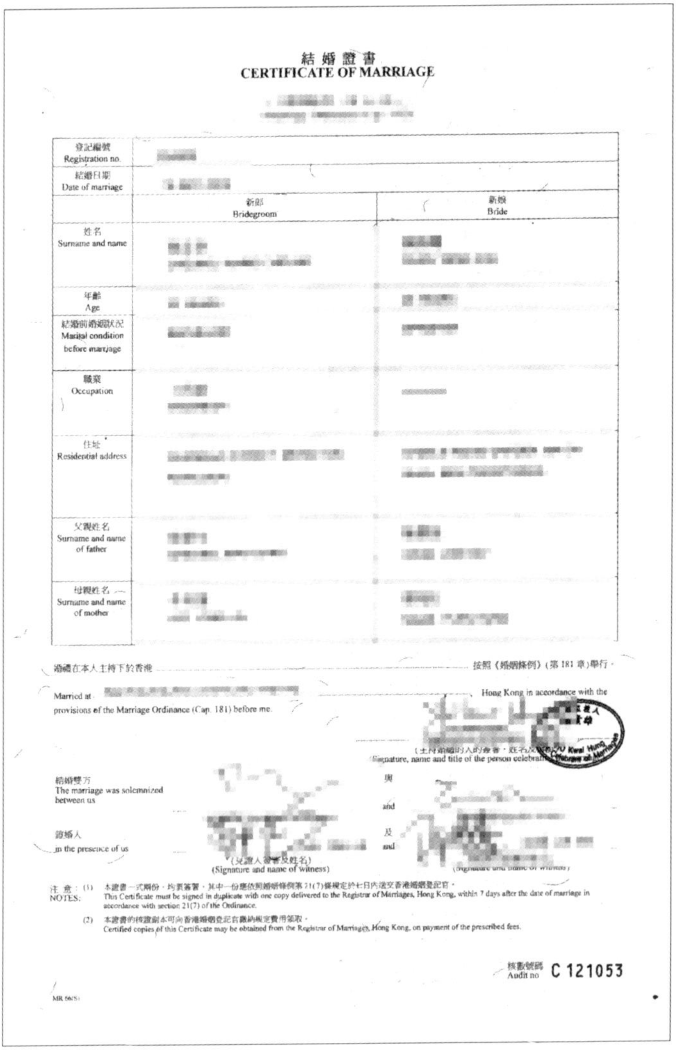

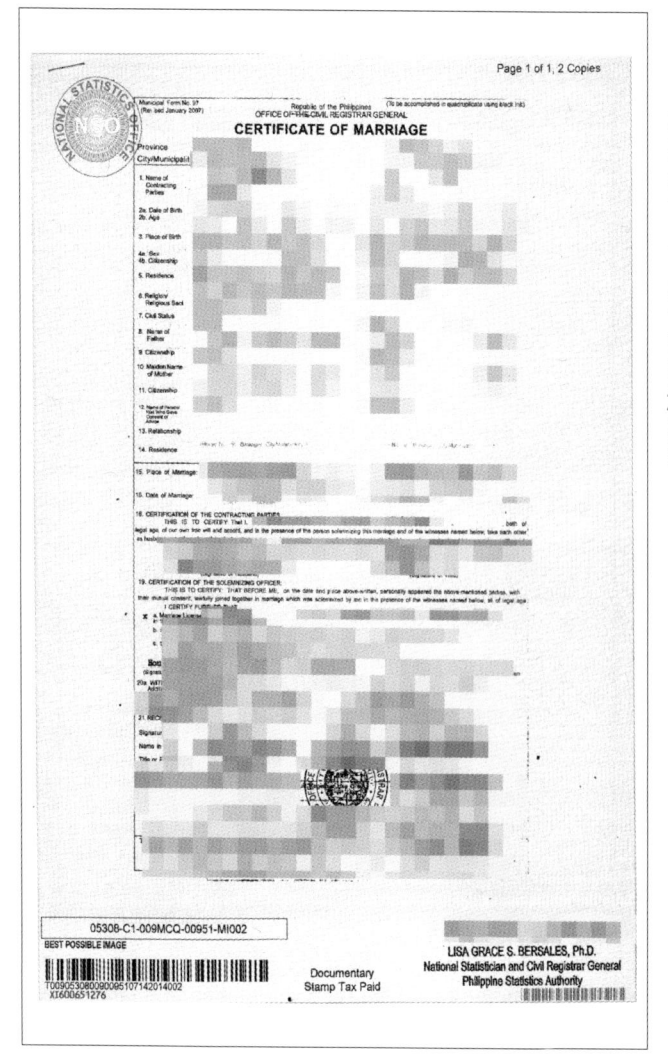

第3章　申請に必要な書類を集めよう

【図表 25-1　フィリピンの結婚証明書】

■フィリピンの書式サンプル■（図表25参照）

## 【図表 25-2　フィリピンの結婚証明書の訳】

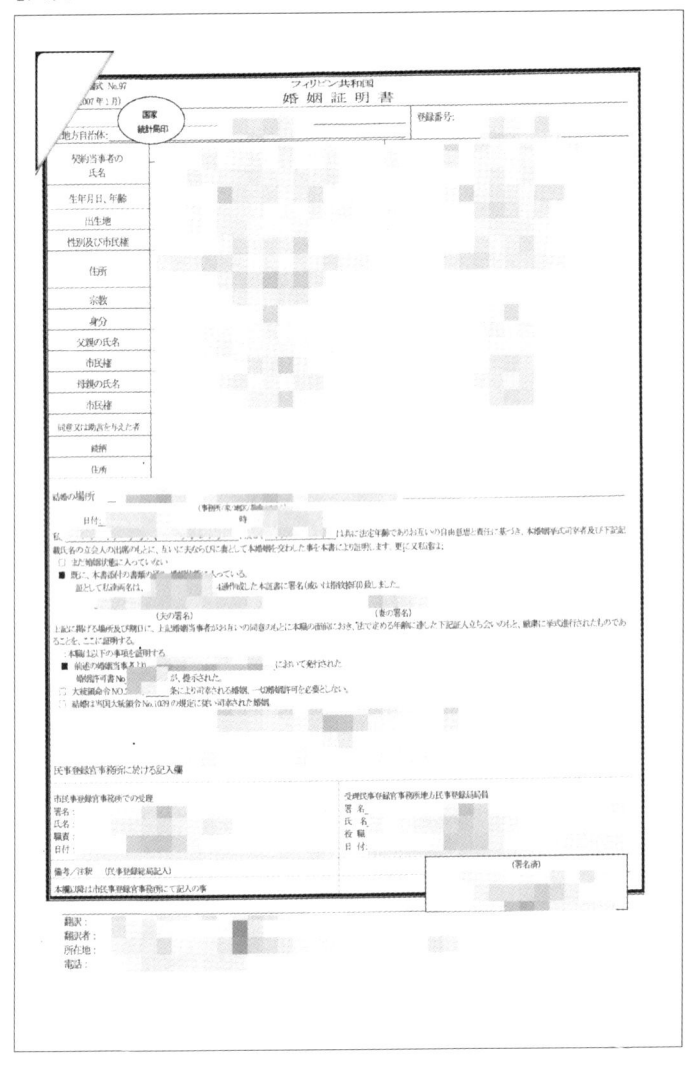

第3章　申請に必要な書類を集めよう

【図表 25-3　フィリピンの出生証明書】

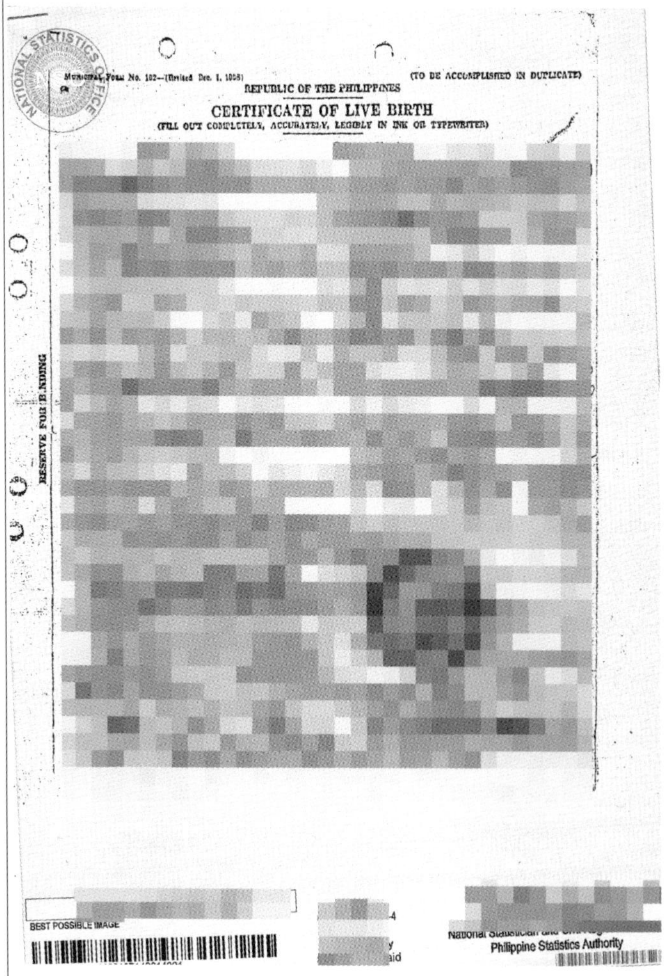

93

【図表 25-4 フィリピンの出生証明書の訳】

```
地方民事登録書式 No.102（1958年12月1日改定）
                        フィリピン共和国
                          出生証明書
              （全欄正確に消えないインク若しくはタイプライターにて記入）
計局印
                               登録番号：(a) 民事登録総局  No._____
   州：_____                         (b) 地方民事登録局 _____
   市／地方自治体：_____
```

| 1. 出生地： | 2. 母親の通常の住居 |
|---|---|
| a. 州 | a. 州 |
| b. 市／地方自治体 | b. 市／地方自治体 |
| c. 病院／施設名（病院でない場合、町名地番） | c. 町名、地番 |
| d. 出生地は市街地か？ | d. 住居は市街地か？ e. 住居は農地か？ |

| 子供 | 3. 氏名　名　　ミドル・ネーム　　姓 |
|---|---|
| | 4. 性別　5a 本出生は　5b 双子、三つ子の場合　6 出生年月日 |
| | 男性　　　　　　　　出生順 1番目□2番目□3番目□ |

| 父親 | 7氏名 名　ミドルネーム　姓　宗教　8. 国籍　8a 人種 |
|---|---|
| | 9. 年令（本出生時点）10. 出生地　11. 職業　11b ビジネス・産業別 |

| 母親 | 12 氏名 名 ミドルネーム 姓　宗教　13 国籍　13a 人種 |
|---|---|
| | 14. 年令（本出生時点）15 出生地　16 現在までの過去の出産（本出生を含めず） |

| 17a 届出人署名：_____（署名済） | a. 現在生きて | b. 生きて出生 | e 胎児死亡した |
| b. 氏名： | いる子供の数 | したが死亡した | 子供数（受給後） |
| c 住所： | | 子供数 | |

| 18. 母親の郵便住所：（州市／地方自治体・街路名・地番） |
|---|

| 19. | 出生立会人 |
|---|---|
| 　私は上記に示された、_____出生した本出生児の出生に立ち会った事を証する。 | |
| a. 署名：_____（署名済） | d 出生立会人による日付けの記入（自筆）： |
| b 氏名： | |
| c 住所： | e 出生立会人の役職 |

| 20.本出生を受理した地方民事登録局／登録官名 | 21.n 補正届出からのリナの追加 |
|---|---|
| a 署名： | |
| b 氏名： | b 名の補足された年月日 |
| c 役職名： | |
| d.日付：. | |

| 22a 妊娠期間 | 22b. 出生児の体重 | 23.出生児の嫡出子又は準子別 |
|---|---|---|
| 懐胎満了_____週間 | | |

| 24.両親の婚姻年月日（嫡出子の場合） | 25.本証明書作成者 |
|---|---|
| | 署名 ：. |
| 場所： | 氏名 ：. |
| 市／地方自治体： | 役職名 ：. |
| 　　　　州： | 年月日： |

```
                                        （署名済）
                              リサ グレイス コス ペルサレス、医師
                                 行政管並びに民事登録総局長
                                       国家統計局

翻訳
翻訳者：
所在地：
電話：
```

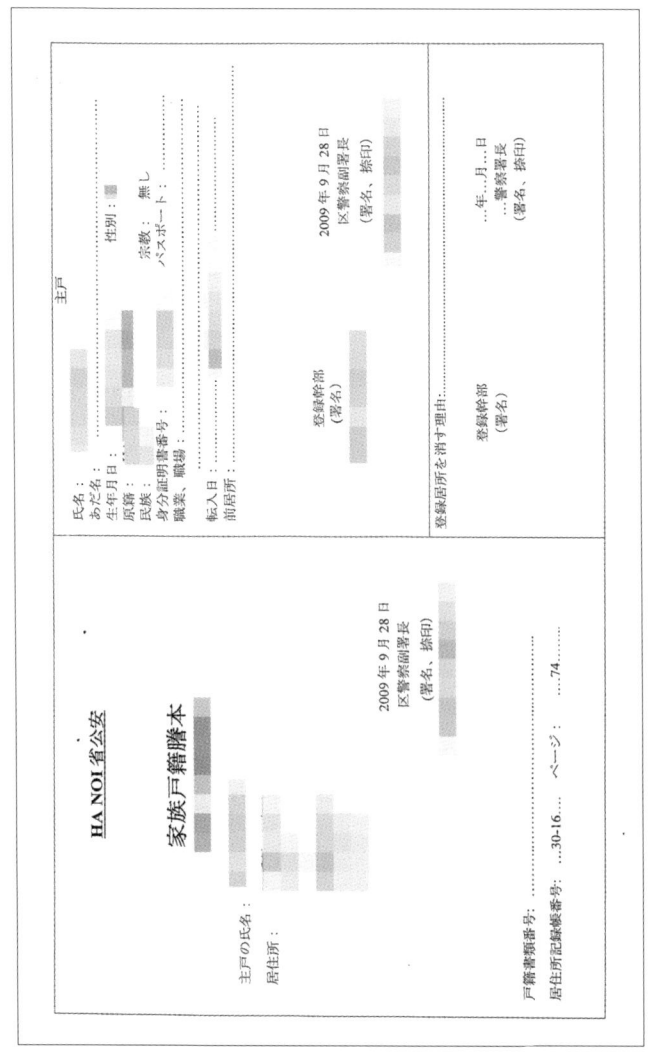

第３章　申請に必要な書類を集めよう

【図表 26-1　ベトナムの家族戸籍謄本①】

■ベトナムの書式サンプル■（図表26参照）

HA NOI 省公安

家族戸籍謄本

2009 年 9 月 28 日
区警察副署長
（署名、捺印）

主戸の氏名：
居住所：

戸籍書類番号：...30-16...　ページ：　...74......
居住所記録帳番号：

主戸

氏名：
あだ名：
生年月日：
原籍：
民族：　　　　　　　宗教：　無し
身分証明書番号：　　パスポート：
職業、職場：
転入日：
前居所：

性別：

登録幹部
（署名）

2009 年 9 月 28 日
区警察副署長
（署名、捺印）

登録居所を消す理由：

登録幹部
（署名）

...年...月...日
警察署長
（署名、捺印）

95

**【図表 26-2　ベトナムの家族戸籍謄本②】**

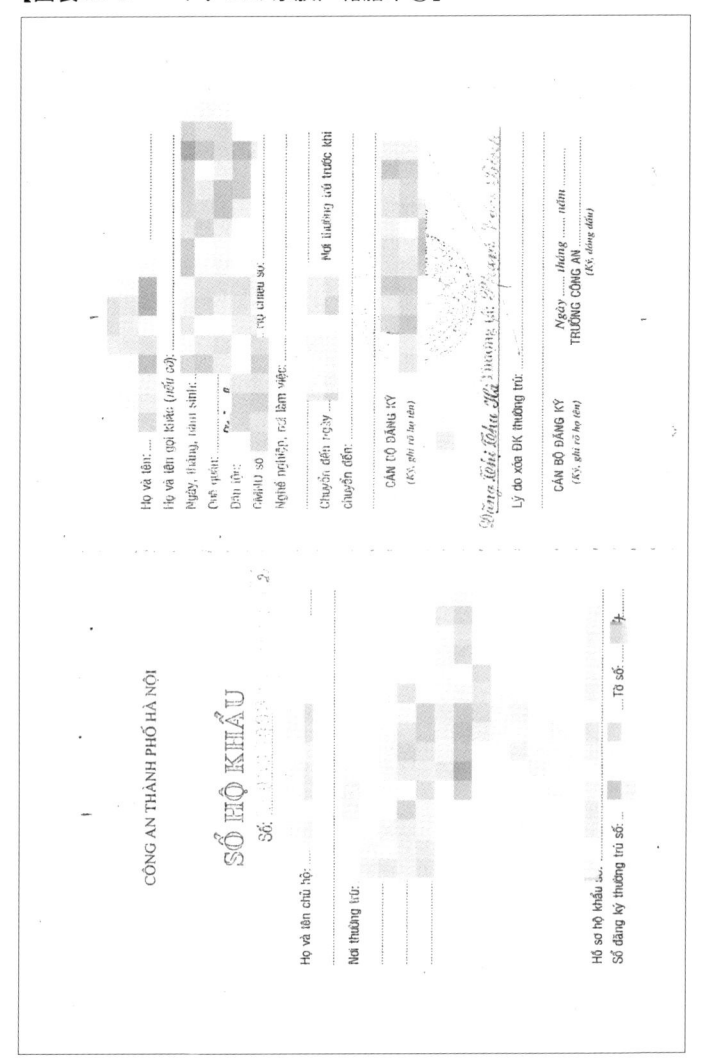

CÔNG AN THÀNH PHỐ HÀ NỘI

SỔ HỘ KHẨU

Số: ...............

Họ và tên chủ hộ: ...............

Nơi thường trú: ...............

Hồ sơ hộ khẩu số ...............
Số đăng ký thường trú số ...............　Tờ số ...............

Họ và tên: ...............
Họ và tên gọi khác (nếu có): ...............
Ngày, tháng, năm sinh: ...............
Giới tính: ...............
Dân tộc: ...............
CMND số ...............
Nghề nghiệp, nơi làm việc: ...............
Chuyển đến ngày ...............　Mới đăng ký trước khi chuyển đến: ...............

CÁN BỘ ĐĂNG KÝ
(Ký, ghi rõ họ tên)

Lý do xóa ĐK thường trú: ...............

CÁN BỘ ĐĂNG KÝ
(Ký, ghi rõ họ tên)

Ngày ...... tháng ...... năm ......
TRƯỞNG CÔNG AN
(Ký, đóng dấu)

第3章　申請に必要な書類を集めよう

## 【図表 26-3　ベトナムの結婚証明書①】

CỘNG HÒA XÃ HỘI CHỦ NGHĨA VIỆT NAM
Độc lập-Tự do-Hạnh phúc

Họ và tên chồng :　　　　　　　Họ và tên vợ :
Ngày, tháng, năm sinh :　　　　Ngày, tháng, năm sinh:
Dân tộc:　　　　　　　　　　　Dân tộc:　　Quốc tịch:
Nơi cư trú:　　　　　　　　　　Nơi cư trú:

Giấy chứng nhận kết hôn này có giá trị kể từ ngày ghi vào Sổ đăng ký kết hôn
Chồng　　　　　　　　　　　　　Vợ

Sao từ Sổ đăng ký kết hôn
Ngày　07 tháng　01　năm 2015
NGƯỜI KÝ BẢN SAO
GIẤY CHỨNG NHẬN KẾT HÔN
TUQ.GIÁM ĐỐC
TRƯỞNG PHÒNG HỘ TỊCH CÓ YẾU TỐ NƯỚC NGOÀI

97

【図表 26-4　ベトナムの結婚証明書②】

BẢN DỊCH

ベトナム社会主義共和国

独立・自由・幸福

## 結婚証明書

(抄本)

夫の氏名：　　　　　　　　　　　　　　妻の氏名：
生年月日：　　　　　　　　　　　　　　生年月日：
民族：　　　　　国籍：ベトナム　　　　民族：　　　　　国籍：ベトナム
居住所/滞在所：　　　　　　　　　　　　居住所/滞在所：
身分証明書号/パスポート号/他の適当な証明書号：

　　　　　　　　　　　　　　　　　　　身分証明書号/パスポート号/他の適当な証明書号：

この結婚証明書は結婚登録帳に記録される日から価値がある。

　　　　夫　　　　　　　　　　　　　　　　　妻

結婚登録帳からコピーする

2015 年 1 月 7 日

結婚証明書の抄本にサインする人

社長の代表

外国関係戸籍課長

(署名・押印)

第3章　申請に必要な書類を集めよう

【図表 26-5　ベトナムの出生証明書①】

## 【図表 26-6　ベトナムの出生証明書②】

BẢN DỊCH

ベトナム社会主義共和国　　　　　　　　番号：
独立－自由－幸福　　　　　　　　　　　帳番号：

出生証明書
(写し)

氏名　　　　：　　　　　　　　　　　　性別：女

生年月日　　：

文字　　　　：

出生地　　　：

民族　　　　：　　　　　　　　　国籍：ベトナム

父の氏名　　：

民族　　　　：　　　　　　　　　国籍：ベトナム　　生年：

現住所／仮住所：

母の氏名　　：

民族　　　　：　　　　　　　　　国籍：ベトナム　　生年：

現住所／仮住所：

登録場所　　：

登録年月日　：

備考　　　　：当期限に登録する

出生報告者の氏名　：

出生した者との続柄：

　　登録担当者　　　　　　　　出生証明書への署名者
　　(署名済み)　　　　　　　　　　(署名済み)

------------------------------------------------------------

出生証明書の写し
2014 年 11 月 7 日
出生証明書の写しに署名する者
(サイン、はっきり氏名を書き、署名、捺印)
主席

100

第3章　申請に必要な書類を集めよう

【図表27-1　バングラデシュの出生証明書】

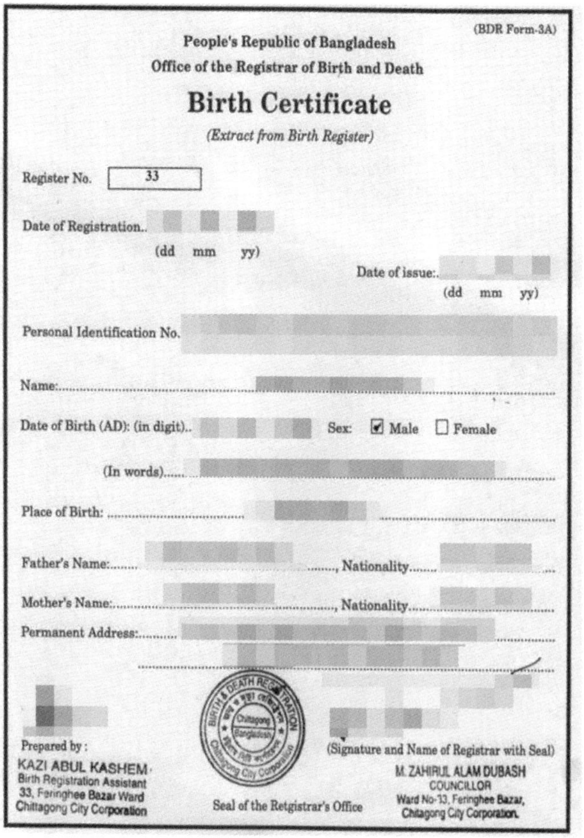

バングラデシュの書式サンプル■（図表27参照）

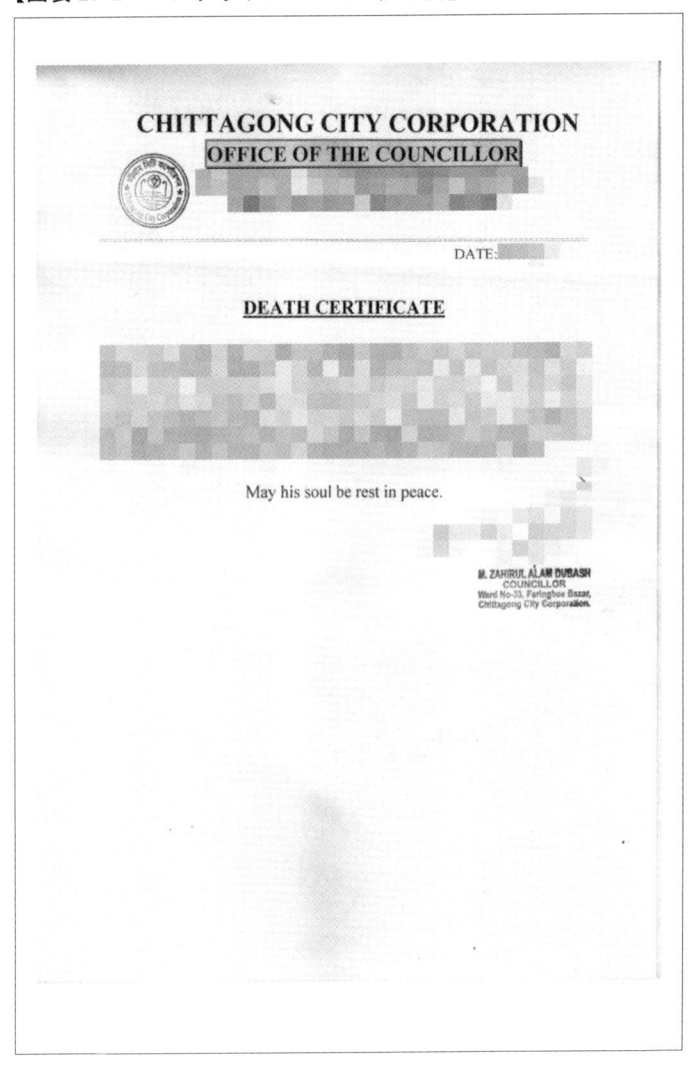

【図表 27-2　バングラデシュの死亡証明書】

**CHITTAGONG CITY CORPORATION**
**OFFICE OF THE COUNCILLOR**

DATE:

**DEATH CERTIFICATE**

May his soul be rest in peace.

M. ZAHIRUL ALAM DUBASH
COUNCILLOR
Ward No-33, Faringhee Bazar,
Chittagong City Corporation.

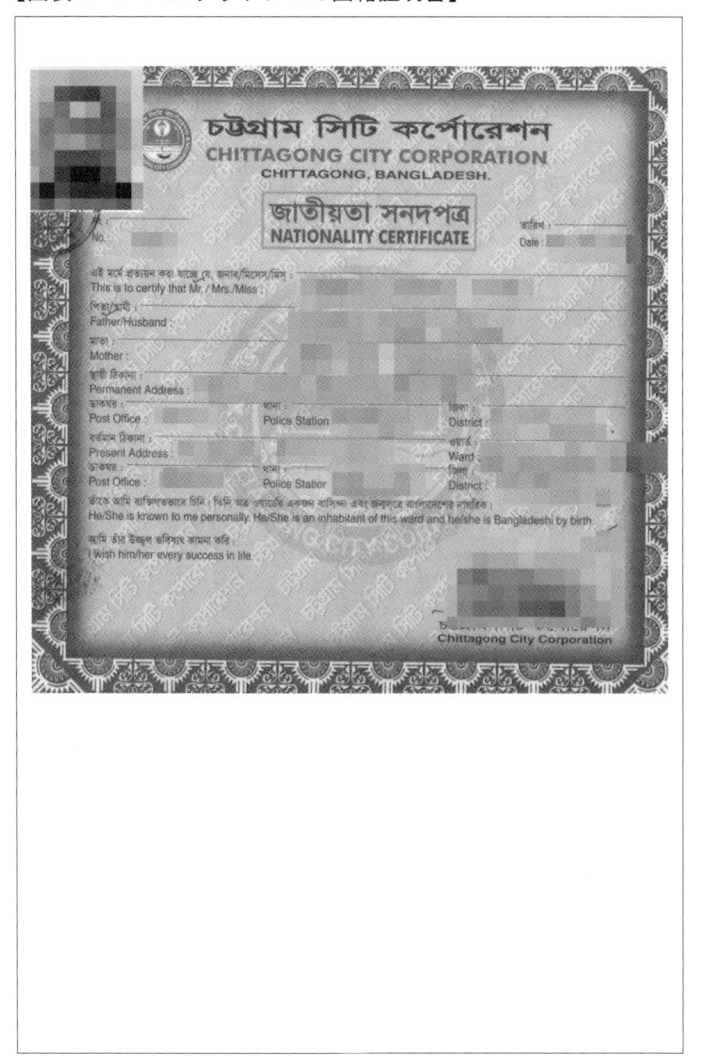

第 3 章　申請に必要な書類を集めよう

【図表 27-3　バングラデシュの国籍証明書】

【図表27-4　バングラデシュの家族関係証明書】

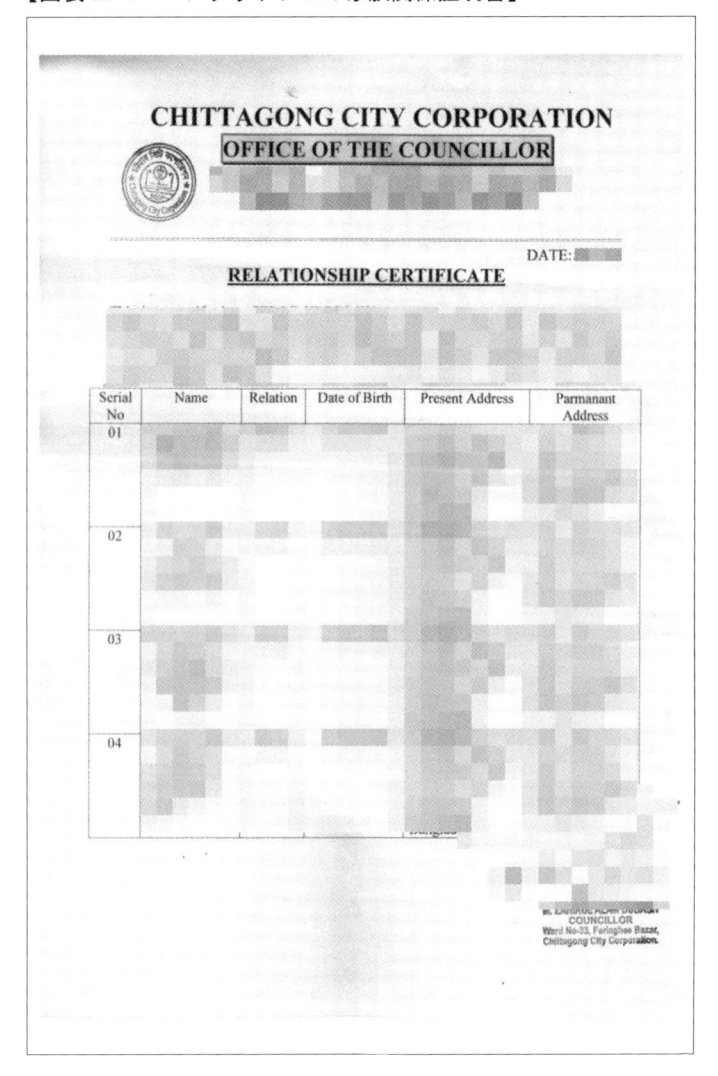

## 6 法務省個人情報保護係から取得する書類

次の2つの書類は、法務局から必須として求められている書類ではありませんが、閉鎖外国人登録原票には在留カードに変更になる前の日本での居住歴が記載されており、申請書作成の上で大変参考になります。また、出入国記録は、海外出国・入国が多い場合にパスポートのハンコではよくわからない場合に参考になります。

過去の様々な情報が詰まっており、実務的には申請前に取っておくべき書類といえます。

法務局では、申請者がこれらの書類を提出していない場合、職権でこの2つの書類を取得して審査しているようです。

□ **閉鎖外国人登録原票**
□ **出入（帰）国記録**（図表28参照）

閉鎖外国人登録原票は、図表29の保有個人情報開示請求書を法務省へ提出して、開示を受けます。

記入ポイントは、次のとおりです。

❶ 請求書を書いた日付を記入します。

❷、❸ 氏名・住所を記入します。氏名と住所は、本人確認書類と同じにしてください。

❹ 1の「開示を請求する保有個人情報」の欄には、「請求者本人の……2000年1月1日から

【図表28　出入国記録】

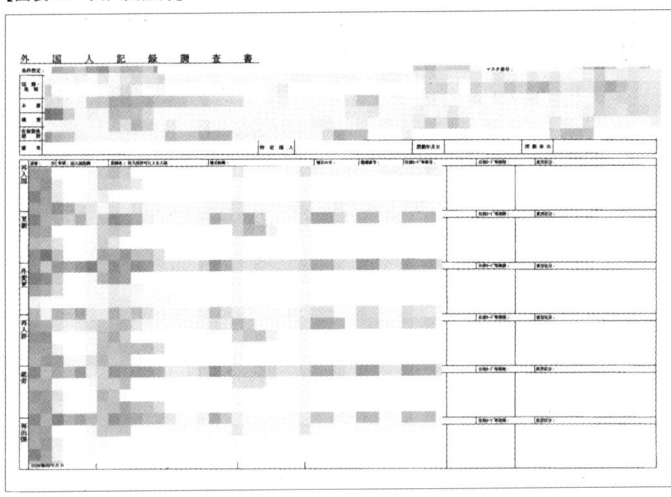

2012年7月8日まで」の頭の□を■に塗りつぶします。。

❺ 「イ　写しの送付を希望する」に○をします。

❻ 収入印紙300円を貼ります。

❼ 「ア　開示請求者」は、「本人」にチェック。「イ　本人確認書類」は「運転免許証」か「在留カード」にチェックし、そのコピー（表と裏の両面）を同封します。住民票も同封（30日以内に作成されたもの。なお、コピーは認められません）。「住民票の写し」と書いてありますが、コピーという意味ではありません。

❽ 性別と国籍、在留カード番号等を記入します。不明の場合は空欄でも構いません。

封筒に書類を入れ、92円の返信用切手を貼った返信用封筒（自分の宛先を書いたもの）を添え、「法務省秘書課個人情報保護係」宛てに郵便ポストに投函してください。2〜4週間で返信が来ます。

# 第3章　申請に必要な書類を集めよう

【図表29-1　保有個人情報開示請求書】

---

## 保有個人情報開示請求書

❶ 平成　　年　　月　　日

法　務　大　臣　殿

(ふりがな)
氏名 ❷ _____

住所又は居所
〒　❸　　　　　　　　　　　　　　　TEL　　(　　)

行政機関の保有する個人情報の保護に関する法律第13条第1項の規定に基づき、下記のとおり保有個人情報の開示を請求します。

記

1　❹ 開示を請求する保有個人情報（□欄にチェックを入れてください。）
➤ 開示請求者本人（詳細を別紙に記載してください。）の外国人登録原票
　■2000年1月1日から2012年7月8日まで
　□　　年　　月　　日から　　　年　　月　　日まで

➤ 開示請求者以外の者(詳細を別紙に記載してください。)の外国人登録原票
　※開示される原票は、開示請求者本人の個人情報が含まれる原票に限られます。
　□2000年1月1日から2012年7月8日まで
　□　　年　　月　　日から　　　年　　月　　日まで
※　1981年（昭和56年）以前の外国人登録原票を請求する場合、抽出には時間がかかります。

2　❺ 求める開示の実施方法等　(本欄の記載は任意です。)
ア又はイに〇印を付してください。アを選択した場合は、実施の方法及び希望日を記載してください。

| ア　事務所における開示の実施を希望する。 |
|---|
| ＜実施の方法＞　□閲覧　　□写しの交付　　□その他（　　　　　　　　　　） |
| ＜実施の希望日＞　平成　　年　　月　　日 |
| イ　写しの送付を希望する。 |

3　手数料 ❻

| 開示請求手数料<br>(1件300円) | ここに収入印紙を貼ってください。 | （受付印） |
|---|---|---|

4　本人確認等 ❼

| ア | 開示請求者　　□本人　　□法定代理人 |
|---|---|
| イ | 請求者本人確認書類<br>□運転免許証　　□健康保険被保険者証　　□住民基本台帳カード（住所記載のあるもの）<br>□在留カード、特別永住者証明書又はこれらの書類とみなされる外国人登録証明書<br>□その他（　　　　　　　　　　　　　　　　　　　　　　　　　　　　）<br>※　請求書を送付して請求をする場合には、加えて住民票の写し等（開示請求の前30日以内に作成されたものに限る。また、コピーによる提出は認められません。）を添付してください。 |
| ウ | 本人の状況等　(法定代理人が請求する場合のみ記載してください。)<br>(ア)　本人の状況　□未成年者（　　年　　月　　日生）　□成年被後見人<br>(ふりがな)<br>(イ)　本人の氏名<br>(ウ)　本人の住所又は居所 |
| エ | 法定代理人が請求する場合、次のいずれかの書類を提示又は提出してください。<br>請求資格確認書類　　□戸籍謄本　　□登記事項証明書　　□その他（　　　　　　） |

107

【図表 29-2　保有個人情報開示請求書（別紙）】

(開示請求書別紙)

以下の事項を記載してください。

1　開示請求者本人の外国人登録原票の開示を請求する場合

(1) 開示請求者本人の性別　　□男性　　□女性

(2) 開示請求者本人の国籍・地域　_____

(3) 開示請求者本人の外国人登録番号，在留カードの番号又は特別永住者証明書の番号

　_____

　番号が不明の場合には，請求期間において，外国人登録を行ったことのある住所又は居所及び時期（複数ある場合には，最終のもの）

住所又は居所_____　時期_____年ころ

(4) 請求する外国人登録原票が作成された当時の氏名等が，帰化等により現在の氏名等と異なる場合は，当時の氏名等を記載の上変更の経緯が分かる書類（戸籍抄本等）を添付してください。

（ふりがな）
変更前の氏名_____

変更前の国籍・地域_____　帰化等の年_____年

2　開示請求者以外の者の外国人登録原票の開示を請求する場合
※開示される原票は，開示請求者本人の個人情報が含まれる原票に限られます。

（ふりがな）
(1) 開示請求者以外の者の氏名_____

(2) 開示請求者以外の者の生年月日_____年____月____日生

(3) 開示請求者以外の者の性別　　□男性　　□女性

(4) 開示請求者以外の者の国籍・地域_____

(5) 開示請求者以外の者の外国人登録番号，在留カードの番号又は特別永住者証明書の番号

　_____

(6) 開示請求者以外の者の住所又は居所_____

(7) 請求する外国人登録原票が作成された当時の開示請求者以外の者の氏名等が，帰化等により現在の氏名等と異なる場合は，当時の氏名等を記載してください。

（ふりがな）
変更前の氏名_____

変更前の国籍・地域_____　帰化等の年_____年

(注) 写しの送付を希望する場合には，郵便切手（普通郵便の場合は９２円分，速達や簡易書留等とする場合はそれに応じた料金を加算）を貼った返信用封筒（※送付先明記）を添えてください。なお，記録の枚数により追加の切手をお願いすることがありますので，御承知おきください。

# 第4章 自分でもできる帰化申請書類作成ガイド・マニュアル

# 1 帰化許可申請書の作成

帰化許可申請書（図表31）は、帰化をしようとする人ごとに作成します。自分で申請する方は、ほとんどの方が自筆で作成していくことになります。行政書士などのプロの方はWORD版の書式を持っていることが多いので、パソコンを使って入力していきます。自筆でもパソコン作成でもかまいません。

なお、WORD版書式は法務局では配布していません。本人に配布しているのは、紙の申請書のみです。

❶ 今は記入しません。法務局で申請時に記入します。帰化許可申請書の左上部の年月日は、申請受付日を記載するので、担当官の面前で記入するのが通常です。空欄のままにしておきます。

❷ 5㎝×5㎝の写真を2枚撮影してください（証明写真できちんと撮影！）。
1枚目は帰化許可申請書に貼ります。もう1枚は、一緒に提出するコピー

【図表30　帰化許可申請書の書き方の注意点】

- ✓ 正確にていねいに！
- ✓ 黒ボールペンで！
- ✓ 字を間違えた場合は、取り消し線を引いて修正！
- ✓ 修正液は使用できません。

110

第4章　自分でもできる帰化申請書類作成ガイド・マニュアル

## 【図表31　帰化許可書申請書の書き方】

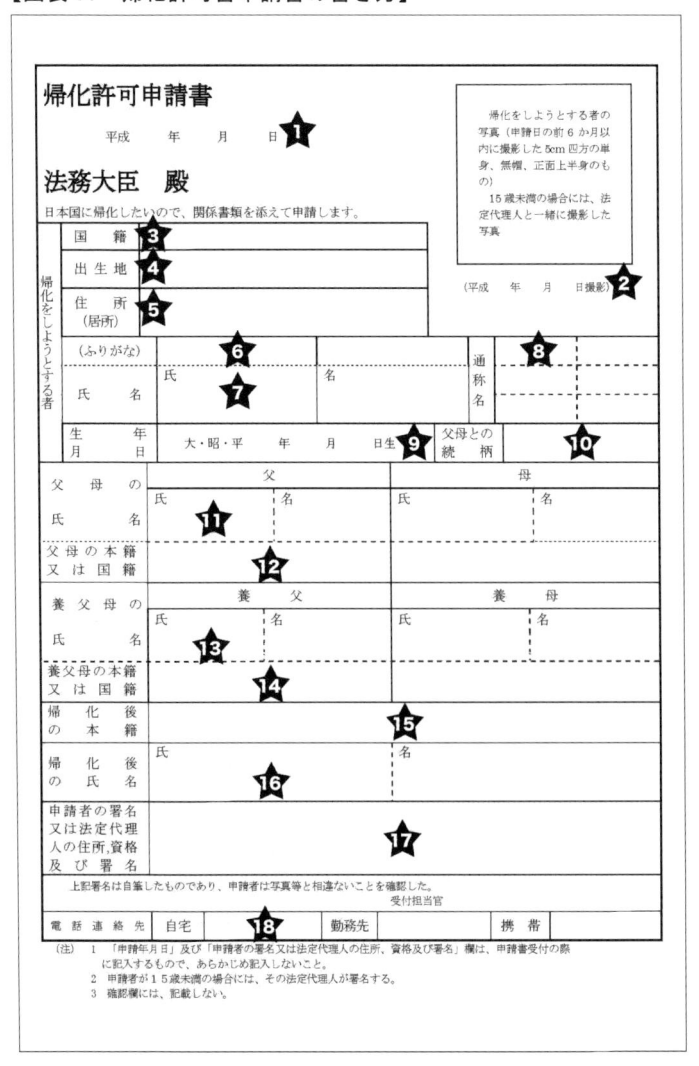

---

### 帰化許可申請書

平成　　年　　月　　日　★1

法務大臣　殿

日本国に帰化したいので、関係書類を添えて申請します。

帰化をしようとする者の写真（申請日の前6か月以内に撮影した5cm四方の単身、無帽、正面上半身のもの）
15歳未満の場合には、法定代理人と一緒に撮影した写真

（平成　年　月　日撮影）★2

帰化をしようとする者

| 国　籍 | ★3 |
| 出生地 | ★4 |
| 住　所（居所） | ★5 |

| （ふりがな） | ★6 | | 通称名 | ★8 |
| 氏　名 | 氏　★7　名 | | | |

| 生年月日 | 大・昭・平　年　月　日生　★9 | 父母との続柄 | ★10 |

| 父母の氏名 | 父　氏　★11　名 | 母　氏　　名 |
| 父母の本籍又は国籍 | ★12 |
| 養父母の氏名 | 養父　氏　★13　名 | 養母　氏　名 |
| 養父母の本籍又は国籍 | ★14 |
| 帰化後の本籍 | ★15 |
| 帰化後の氏名 | 氏　★16　名 |
| 申請者の署名又は法定代理人の住所,資格及び署名 | ★17 |

上記署名は自筆したものであり、申請者は写真等と相違ないことを確認した。
受付担当官

| 電話連絡先 | 自宅 | ★18 | 勤務先 | | 携帯 | |

（注）1　「申請年月日」及び「申請者の署名又は法定代理人の住所,資格及び署名」欄は、申請書受付の際に記入するもので、あらかじめ記入しないこと。
　　　2　申請者が15歳未満の場合には、その法定代理人が署名する。
　　　3　確認欄には、記載しない。

111

【図表32　15歳未満の子の写真の取り方】

の申請書に貼ります。写真の裏には氏名を書きましょう。

証明写真は、申請日の前6か月以内に撮影した5㎝×5㎝の単身、無帽、正面上半身で、かつ、鮮明に写っているものです。カラー・白黒どちらでも大丈夫です。スピード写真を利用して撮影する方は、機械によっては適当なサイズの写真を撮れないことがあります。5.2㎝×4.8㎝サイズであればギリギリ大丈夫なようですが、それもない場合は、写真屋さんで撮ってもらったほうがよいでしょう。

写真は、2枚用意して、原本と副本に貼り付けます。15歳未満の方は、図表32のように両親の間に子供が入り3人（もしくは2人）で撮影します。この撮影日は、申請より6か月以内である必要があります。

そして写真の下には撮影日付を記載します。

❸ 自分の国籍を記入します。国籍証明書、パスポートを確認して書きます。

例：韓国、朝鮮、中国、中華民国（台湾）、中国（香港）、フィリピンなど。

❹ 出生地とは、生まれたところという意味です。地番まで記載します。

112

第４章　自分でもできる帰化申請書類作成ガイド・マニュアル

日本生まれの方は、出生届の記載事項証明書を見れば、生まれた病院の所在地住所が記載されているはずです。

出生届には、生まれた病院の住所とそのときの父母の住所の２つがありますが、病院の場所の記載がある場合は、病院を書き、もしないときは当時の父母の住所を書きます。

中国人の方は、出生公証書に記載されている住所を書きます。その他の国籍の方も、出生証明書のとおりに書きます。外国で生まれた方で出生証明書を見ても地番が不明な場合は、「以下不詳」と記載しても結構です。

❺　住所（居所）は、住民票を参考に記載しましょう。マンション等にお住まいの場合は、マンション名と部屋番号まで記載してください。

○丁目○番○号と記入します。○−○−○とは記入しません。住民票に書かれている住所のとおりに、マンション名・アパート名・室番号まで書いてください。

なお、住所地のほかに寝泊まりするようなところがあれば居所になりますが、住所の要領で記載します。

次のようなケースは注意しましょう。例えば、平日は会社の寮（埼玉県）、土日は自宅（東京）、住民票は東京に置いてある場合などは、帰化申請にあたり管轄が埼玉になってしまう場合もあり得ます。

113

❻ ふりがなを書きます。ひらがなで書いてください、カタカナはダメです。

例：きむ　よな、りゅう　けいか、まいける　だぐらす

❼ 氏名は、漢字またはカタカナで記載します。アルファベットは使えません。氏名が漢字の場合は、ふりがなをつけます。カタカナの場合は、ふりがなは不要です。中国や台湾の簡体字、繁体字は、日本の漢字に直して記載します。韓国人の方も漢字表記になるはずです。韓国人の方は、基本証明書などに記載されている韓国語の発音でふりがなを記入します。

例：信幸→しねん　となります。

❽ 今まで使用したことのある通称名をすべて記入します。通称名を使ったことのない方は、空欄のままにしてください。

❾ 自分の生年月日を記入します。西暦は、使用しません。昭和・平成・令和という日本の元号で書きます。生年月日を訂正したことがあるときは、訂正前のものもカッコ書きします。

114

第４章　自分でもできる帰化申請書類作成ガイド・マニュアル

❿ 続柄とは長男（女）、二男（女）、三男（女）などのことです。養父母がいれば同じように記載してください。父母の氏名や父母との続柄が不明の場合は、「不詳」と記載しても大丈夫です。

⓫ お父さんとお母さんの名前を書きます。父母の氏名も、本人の氏名と同じ要領で記載します。
お父さんとお母さんが離婚した場合でも、そのお父さんとお母さんの名前を書きます。
既に亡くなっている場合は、「亡」を氏の前に付けましょう。
例：亡山田　太郎

お父さんやお母さんが行方不明となっている場合でも、名前を書きます。もしかして亡くなっているかもしれないと思っても、それは確定ではないので「亡」はつけません。

⓬ お父さんとお母さんの国籍を記入します。お父さんまたはお母さんが日本人の場合（帰化した場合も含む）は、「日本」と書くのではなく、本籍地を記入します。

⓭、⓮ 自分が養子の場合は、お父さん（養親）、お母さん（養親）の名前と国籍を記入します。
お父さんまたはお母さんが日本人の場合(帰化した場合も含む)は、日本の本籍地を記入します。
既に亡くなっている場合は「亡」を氏の前に付けましょう。
例：亡山田　太郎

115

⓯ 帰化後の本籍は、自由に決めても大丈夫です。帰化後の本籍は、日本人になった際に本籍を置く場所です。

本籍地とは、住民票の住所とは少し違います。一般的に「〇丁目〇番」で終わり、〇号までは記載しませんが、〇丁目〇番〇というように「番」のあとに数字がつく場合もあります。

本籍地を置きたい市区町村に電話で事前確認することをおすすめします。

なお、実在しない町名、地番は使用できません。マンション名なども記入しません。〇－〇－〇のように記入してはいけません。

ところで、帰化後に戸籍謄本を取る場合は、本籍を置いている市区町村役場でしか戸籍謄本は取れません。現在の自宅のある場所に本籍地を置かないということもできますが、戸籍謄本を取るときは何かと不便になることを心にとめておいてください。

また、帰化時に置いた本籍地の戸籍には「帰化〇年〇月〇日」と記載されますが、転籍すれば転籍先の戸籍には帰化の記載がされなくなります。

⓰ 帰化後の氏名は、基本的に自由に決められます。通称名をそのまま使ってもよいし、母国の名前をそのまま使うこともできます。日本人のようにする必要もありませんが、常用漢字、ひらがな、カタカナで登録します。アルファベットは、使用できません。

116

第4章　自分でもできる帰化申請書類作成ガイド・マニュアル

日本的な名前でなく、母国で使っていた名前をカタカナで登録しても大丈夫です。ふりがなは記入しません。

❼ 帰化後の氏名は、帰化許可後の変更はできませんが、審査期間中であれば変更を申し出ることは可能です。夫婦または日本人の配偶者が申請する場合は、夫と妻のどちらの氏によるかを（　）内に（夫の氏）か（妻の氏）と明記してください。

例：氏　山田　（夫の氏）　名　久利須

例：ジャクソン・マイケル、孫　正義、山田　久利須

❼ 申請者の署名は、今は何も書きません。法務局で記入します。申請受付のときに自筆しますので、空欄のままにしておきます。申請者が15歳以上の場合には本人が署名し、申請者が15歳未満の場合には法定代理人（通常は両親）が次のように署名することになります。

　　　　　　　　　　　子　○○が15歳未満につき
　　　　東京都○○区○○町○丁目○番○号
　　　　　　　親権者　父　○○
　　　　　　　　　　　母　○○

❽ 自宅、勤務先、携帯の電話番号を書きます。

## 【図表33　帰化許可書申請書の記載例】

### 帰化許可申請書

平成　年　月　日

### 法務大臣　殿

日本国に帰化したいので、関係書類を添えて申請します。

帰化しようとする者の写真（申請日の前6ヵ月以内に撮影した5cm×5cmの単身、脱帽、正面上半身のもの）
15歳未満の場合には、子を中心に法定代理人と一緒に撮影した写真
（平成　〇年　〇月　〇日撮影）

| 帰化をしようとする者 | 国　籍 | 韓国 | | | | |
|---|---|---|---|---|---|---|
| | 出生地 | 大韓民国慶尚南道普陽郡文山面安全里〇番地 | | | | |
| | 住　所（居所） | 東京都中野区野方〇丁目〇番〇号<br>メゾン〇〇301号室 | | | | |
| | （ふりがな） | きん | りゅうさく | 通称名 | 関口 | 龍作 |
| | 氏　名 | 氏<br>金 | 名<br>龍作 | | 関口 | 二郎 |
| | | | | | 金山 | 龍作 |
| | 生年月日 | 昭和29年　4月　18日生 | | 父母との続柄 | 二男 | |

| 父母の氏名 | 父 | | 母 | |
|---|---|---|---|---|
| | 氏<br>金 | 名<br>継達 | 氏<br>雀 | 名<br>順南 |

| 父母の本籍又は国籍 | 韓国 | 韓国 |
|---|---|---|

| 養父母の氏名 | 養父 | | 養母 | |
|---|---|---|---|---|
| | 氏 | 名 | 氏 | 名 |

| 養父母の本籍又は国籍 | | |
|---|---|---|

| 帰化後の本籍 | 東京都中野区野方〇丁目〇番 |
|---|---|

| 帰化後の氏名 | 氏<br>〇　〇（夫の氏） | 名<br>〇　〇 |
|---|---|---|

| 申請者の署名又は法定代理人の住所、資格及び署名 | |
|---|---|

上記署名は自筆したものであり、申請者は写真等と相違ないことを確認した。
受付担当官

| 電話連絡先 | 自宅 | 03（0000）0000 | 勤務先 | 03（0000）0000 | 携帯 | 03（0000）0000 |
|---|---|---|---|---|---|---|

(注)　1　「申請年月日」及び「申請者の署名又は法定代理人の住所,資格及び署名」欄は、申請書受付の際に記入するもので、あらかじめ記入しないこと。
　　　2　申請者が15歳未満の場合には、その法定代理人が署名する。
　　　3　確認欄には、記載しない。

第4章　自分でもできる帰化申請書類作成ガイド・マニュアル

## 【図表34　親族の概要の書き方の注意点】

> ✓ 書く範囲
> 同居している親族・申請人の配偶者・親・子・兄弟姉妹（養子や養親も含みます）
> ※養子や養親も含みます。離婚した前妻（夫）も書きます。
> また、離婚した前妻（夫）との間の子についても書きます。
> 配偶者がいる場合には、その配偶者の両親
> 内縁の夫（妻）＊事実上夫婦と同じ生活をしている人
> 婚約者＊結婚の約束をしている人、結婚する予定の人

## 2　親族の概要の作成

親族の概要（図表35）は、申請者本人は除いて記載します。

まず、日本在住の親族と、外国在住の親族とに用紙を分けて作成します。

記載すべき親族の範囲は、申請者の配偶者と元配偶者、両親（養親）、子（養子）、兄弟姉妹、配偶者の両親、内縁の夫（妻）、婚約者です。

この中で死亡した方がいれば、死亡者についても記載します。死亡者については、死亡日も記載します。

交際がなく、連絡を取っていないため住所がわからない場合は、「○○国以下不詳」としてもかまいません。

親族の中に帰化した方や帰化申請中の方がいる場合には、右欄に「○年○月○日帰化・申請」の所に記載します。

また、アルファベットの住所表記は、カタカナに直して記載します。

119

## 【図表 35　親族の概要の書き方】

| 親族の概要 （居住地区分／□日本 □外国） ❶ ||||| 交際状況等 |
|---|---|---|---|---|---|
| 続柄 | 氏　名<br>生年月日 | 年齢 | 職業 | 住　所<br>※死亡している場合は、住所の記載に代え、死亡日を記載 | ①交際の有無、②帰化意思の有無、③申請者の帰化に対する意見、④その他（電話番号、帰化申請日、帰化日など） |
| ❷ | ❸<br>❹年　月　日生 | ❺ | ❻ | ❼<br>（□　　年　月　日亡） | ①交際　□有 □無<br>②帰化意思 □有 □無<br>③意見　□賛成 □反対<br>　　　　□特になし<br>TEL　－　－<br>年 月 日帰化・申請 ❽ |
|  | 年　月　日生 |  |  | （□　　年　月　日亡） | ①交際　□有 □無<br>②帰化意思 □有 □無<br>③意見　□賛成 □反対<br>　　　　□特になし<br>TEL　－　－<br>年 月 日帰化・申請 |
|  | 年　月　日生 |  |  | （□　　年　月　日亡） | ①交際　□有 □無<br>②帰化意思 □有 □無<br>③意見　□賛成 □反対<br>　　　　□特になし<br>TEL　－　－<br>年 月 日帰化・申請 |
|  | 年　月　日生 |  |  | （□　　年　月　日亡） | ①交際　□有 □無<br>②帰化意思 □有 □無<br>③意見　□賛成 □反対<br>　　　　□特になし<br>TEL　－　－<br>年 月 日帰化・申請 |
|  | 年　月　日生 |  |  | （□　　年　月　日亡） | ①交際　□有 □無<br>②帰化意思 □有 □無<br>③意見　□賛成 □反対<br>　　　　□特になし<br>TEL　－　－<br>年 月 日帰化・申請 |
|  | 年　月　日生 |  |  | （□　　年　月　日亡） | ①交際　□有 □無<br>②帰化意思 □有 □無<br>③意見　□賛成 □反対<br>　　　　□特になし<br>TEL　－　－<br>年 月 日帰化・申請 |

(注)　1　原則として、申請者を除いて記載してください。
　　　2　本書面に記載する親族の範囲は、申請していない「同居の親族」のほか、「配偶者」、申請者の「親（含：養親）」・「子（含：養子）」、「兄弟姉妹」、「配偶者の両親」、「内縁の夫（妻）」、「婚約者」です。
　　　　なお、これらの親族には、死亡者も記載してください。
　　　3　日本在住の親族と、外国在住の親族とは、別に記載してください。

# 第４章　自分でもできる帰化申請書類作成ガイド・マニュアル

❶ 日本に住んでいる親族と、外国に住んでいる親族を分けて書きます。（　）欄のチェックボックスを□→■のように塗りつぶします。
日本に住んでいる親族と外国に住んでいる親族は別々の用紙に記入します。

❷ 自分と親族との関係を書きます。

●書き方

配偶者：夫か妻

親：父、母

子供：長男、二男、三男…、長女、二女、三女…

親族：叔父（親の弟）、伯父（親の兄）、叔母（親の妹）、伯母（親の姉）

兄弟姉妹：兄、弟、姉、妹

配偶者（＝自分の夫や妻）の父母：夫の父・夫の母、妻の父・妻の母

内縁の夫（妻）：内縁の夫・内縁の妻

婚約者：婚約者

離婚した夫（妻）：前夫（前妻）

父母が離婚している場合、その離婚した父母（自分と血が繋がっている父母）についても記載します

離婚した父母がまた再婚した場合は、自分と同居している父母の再婚相手は、書きません（自分と血の繋がりがなく、同居もしていないからです）。

単なる同居人は書きません（友達とルームシェアなど）。しかし、彼女や彼氏でも、同居している場合は婚約者・内縁の夫・妻と見られる場合がありますので、その彼女や彼氏についても書きます。

事実に応じて婚約者または内縁の夫・妻と書き、そのどちらでもなく、ただ同棲している場合には、続柄の欄は空欄のままにして、申請時に法務局の担当官の指示に従います。

離婚した前夫や前妻については、わかる範囲で書き、わからないところは「不明」と書いてもかまいません。

❸ 氏名（フルネーム）を書きます。中国人、韓国人は、漢字、その他はカタカナで書いてください。

例：孫正義、ケイジ・ニコラスなど

❹ 日本の元号表記（昭和・平成・令和など）で生年月日を書きます。西暦は使いません。

例：正　昭和57年9月23日生　と書きます

　　誤　一九八二年9月23日生　は間違いです

第4章　自分でもできる帰化申請書類作成ガイド・マニュアル

❺ 数字で年齢を書きます。
例：18、31、57 など。「歳」は、書かないでください。

❻ 職業を書きます。
例：会社員、経営者、アルバイト
仕事がない場合は、「無職」と書きます。
学生の場合は、「小学生」、「中学生」、「高校生」、「大学生」と書いてください。
生まれたばかりの赤ちゃんから小学校に入る前は「未就学」と記載します。
専門的職業の場合は、医師、弁護士、通訳、翻訳、教師、プログラマー、システムエンジニア等と書いてください。

❼ 住所を書いてください。ただし、同居している場合は、「同居」と書きます。
死亡している人の場合は、住所は書かず死亡日を書きます。
○丁目○番○号と書き、○－○－○とは書きません。
日本にいる親族は、都道府県名から書き、マンションやアパートがある場合にはマンション名と部屋番号まで書きます。
例：東京都渋谷区神宮前99丁目99番地99号アジアンマンション909号室

123

外国にいる親族は、証明書のとおりに国名から書きます。〇国と書くため、ナイジェリア国・オーストラリア国・ドイツ国などというふうに、わかるところまで書き、最後に国をつけます。証明書がない親族の場合は、わかるところまで書き、「以下不明」と書きます。

例：中国江蘇省金壇市〇〇村〇〇号
‥韓国以下不明（住所がわからない場合）
‥ナイジェリア国エド州ベニン市〇〇

その国の住所に、州をつけるのか、県をつけるのかわからない場合は、ウィキペディアで国を検索すると表記がわかる場合があります。

❽ 交際は、メールや電話のみでも、ある場合には有にチェックしてください。

帰化意思は、帰化したいと思う人であれば「有」にチェック。日本人・日本人である親族・すでに帰化している人は、ないでください。

意見は、帰化に賛成の人は賛成にチェックをしてください。意見が特になしの人は、「特になし」にチェック。その下には電話番号を書いてください。わからない場合は不明で結構です。

「帰化・申請」の箇所は、親族の中ですでに帰化したか、帰化申請中の人がいる場合に、その国籍取得日か申請の年月日を書いてください。

# 第4章　自分でもできる帰化申請書類作成ガイド・マニュアル

## 【図表36　親族の概要の記載例（国内の場合）】

### 親族の概要　（居住地区分／■日本　□外国）

| 続柄 | 氏名 | 年齢 | 職業 | 住所　※死亡している場合は、住所の記載に代え、死亡日を記載 |
|---|---|---|---|---|
| 妻 | 姜 和子　昭和34年9月10日生 | 53 | 無職 | 同居　（□　　年　月　日亡） |
| 父 | 金 継達　大正13年1月3日生 | 88 | 無職 | 大阪市生野区○○町2丁目○番○○号　（□　　年　月　日亡） |
| 母 | 雀 順南　　年　月　日生 | | | （■昭和63年3月16日亡） |
| 長女 | 金 信子　平成3年5月26日生 | 21 | 大学生 | 広島市中区○○町3丁目68番地　（□　　年　月　日亡） |
| 妻の父 | 姜 慶柱　昭和4年12月28日生 | 83 | 無職 | 京都府舞鶴市○○市18番地3　（□　　年　月　日亡） |
| 妻の母 | 鄭 良美　昭和7年7月25日生 | 80 | 無職 | 同上　（□　　年　月　日亡） |

**交際状況等**

①交際の有無、②帰化意思の有無、③申請者の場合に対する意見、④その他（電話番号、帰化申請日、帰化など）

- ①交際　■有　□無
- ②帰化意思　□有　■無
- ③意見　□賛成　□反対
- ④特になし
- TEL　03-0000-0000
- 　年　月　日帰化・申請

- ①交際　■有　□無
- ②帰化意思　□有　■無
- ③意見　□賛成　□反対
- ④特になし
- TEL　06-0000-0000
- 　年　月　日帰化・申請

- ①交際　□有　□無
- ②帰化意思　□有　□無
- ③意見　□賛成　□反対
- ④特になし
- TEL　　－
- 　年　月　日帰化・申請

- ①交際　■有　□無
- ②帰化意思　■有　□無
- ③意見　■賛成　□反対
- ④特になし
- TEL　080-0000-0000
- 　年　月　日帰化・申請

- ①交際　■有　□無
- ②帰化意思　□有　■無
- ③意見　□賛成　□反対
- ④特になし
- TEL　0773-00-0000
- 　年　月　日帰化・申請

- ①交際　■有　□無
- ②帰化意思　■有　□無
- ③意見　■賛成　□反対
- ④特になし
- TEL　　－
- 　年　月　日帰化・申請

(注)　1　原則として、申請者を除いて記載してください。
　　　2　本書面に記載する親族の範囲は、申請していない「同居の親族」のほか、「配偶者」、申請者の「親（含：養親）」・「子（含：養子）」、「兄弟姉妹」、「配偶者の両親」、「内縁の夫（妻）」、「婚約者」です。なお、これらの親族には、死亡者も記載してください。
　　　3　<u>日本在住</u>の親族と、<u>外国在住</u>の親族とは、<u>別に</u>記載してください。

【図表37 親族の概要の記載例（外国の場合）】

## 親族の概要 (居住地区分／□日本 ■外国)

| 続柄 | 氏名 | 年齢 | 職業 | 住所 ※死亡している場合は、住所の記載に代え、死亡日を記載 | 交際状況等 |
|---|---|---|---|---|---|
| 兄 | 金本 正明<br>年 月 日生 | 63 | 会社員 | フィリピン国マニラ市<br>以下不明<br>（□　年　月　日亡） | ①交際　■有　□無<br>②帰化意思　□有　□無<br>③意見　■賛成　□反対<br>　□特になし<br>TEL　－　－<br>平均18年5月28日帰化 |
| 姉 | 金 雅美<br>昭和26年4月1日生 | | | （■昭和26年5月3日亡） | ①交際　□有　□無<br>②帰化意思　□有　□無<br>③意見　□賛成　□反対<br>　□特になし<br>TEL　－　－<br>年　月　日帰化・申請 |
| 妹 | 金 恵朱<br>年 月 日生 | 53 | 不明 | 韓国　以下不明<br>（□　年　月　日亡） | ①交際　□有　■無<br>②帰化意思　□有　□無<br>③意見　□賛成　□反対<br>　□特になし<br>TEL　－　－<br>年　月　日帰化・申請 |
| 弟 | 金 雅竜<br>年 月 日生 | 50 | 米国<br>○○銀行員 | アメリカ合衆国<br>カリフォルニア州<br>ロスアンジェルス市○○通1234<br>（□　年　月　日亡） | ①交際　■有　□無<br>②帰化意思　□有　□無<br>③意見　□賛成　□反対<br>　□特になし<br>TEL　－　－<br>年　月　日帰化・申請 |
| | 年 月 日生 | | | （□　年　月　日亡） | ①交際　□有　□無<br>②帰化意思　□有　□無<br>③意見　□賛成　□反対<br>　□特になし<br>TEL　－　－<br>年　月　日帰化・申請 |
| | 年 月 日生 | | | （□　年　月　日亡） | ①交際　□有　□無<br>②帰化意思　□有　□無<br>③意見　□賛成　□反対<br>　□特になし<br>TEL　－　－<br>年　月　日帰化・申請 |

(注) 1　原則として、申請者を除いて記載してください。
　　 2　本書面に記載する親族の範囲は、申請していない「同居の親族」のほか、「配偶者」、申請者の「親（含：養親）」・「子（含：養子）」、「兄弟姉妹」、「配偶者の両親」、「内縁の夫（妻）」、「婚約者」です。
　　　 なお、これらの親族には、死亡者も記載してください。
　　 3　日本在住の親族と、外国在住の親族とは、別に記載してください。

## 【図表38　履歴書（その1）の書き方の注意点】

- ✓ 履歴は**もれなく**書かなければなりません
- ✓ 年月日は、きちんと続き、空白の期間が無いように書きます
- ✓ 居住関係は、住所を書きます。〇丁目〇番〇号と書き、〇－〇－〇と書いてはいけません
- ✓ 学歴は、転校・中途退学・卒業・学部を書きます
- ✓ 職歴は、会社名・入社か退職・担当業務・職種を書きます

## 3　履歴書（その1）の作成

履歴書には（その1）（その2）の2種類があり、申請者ごとに作成します。（その1）には居住関係、学歴・職歴、身分関係を書き、（その2）には出入国歴、技能、資格、賞罰を記載します。

履歴書（その1）（図表39）は、居住関係、学歴・職歴、身分関係を出生から日付順に記入します。空白期間がないように詳しく記載します。記入欄が3つに分かれていて、同時に日付を考えないといけないので、頭が混乱しがちですが、間違わないように気をつけてください。

年月日は、昭和・平成・令和を使います。西暦は使えません。帰化許可申請書は、すべて昭和・平成・令和で記載します。

学歴は、小学校から大学（院）まで全学歴を記載します。

職歴は、本国での職歴と日本に入国した後に行った職歴も書き、正社員以外にアルバイト歴も記載します。また、職種と役職まで記載する必要があります。ボリュームが多く1枚で足りないときは、同じ別用紙を使って続きを書きます。

## 【図表39 履歴書（その1）の記載の仕方】

| 履　歴　書 (その 1) | 氏名 | ① | | |
|---|---|---|---|---|
| 年　月　日 | 居　住　関　係 | | 学歴・職歴 | 身分関係 |
| ② | ③ | | ④ | ⑤ |
| | | | | |
| | | | | |
| | | | | |
| | | | | |
| | | | | |
| | | | | |
| | | | | |
| | | | | |
| | | | | |
| | | | | |
| | | | | |
| | | | | |
| | | | | |

(注) 1　「年」は，日本の元号で記載する。
　　 2　履歴事項は，古い年代のものから漏れなく記載する。例えば，学歴については，転校，中途退学，卒業の学部等についても記載し，職歴については，勤務先だけでなく，担当した職種についても記載する。
　　　　また，身分関係については，父母の死亡，事実婚についても記載する。
　　 3　用紙が不足するときは，同一用紙を用いて記載する。
　　 4　この書面は，申請者ごとに作成するが，15歳未満は不要である。

第４章　自分でもできる帰化申請書類作成ガイド・マニュアル

❶ 氏名をフルネームで書いてください。帰化前の氏名です。帰化後の氏名を書いてはいけません。

❷ 年月日は、日本の元号で書きます。省略も可能。
省略例‥昭和56年の場合→昭56
‥平成3年の場合→平3
具体的な日にちがわからない場合は、月までを書き、日にちの欄は空欄で大丈夫です。
例‥学校に入学した日にちがわからない。以前の勤務先の入社・退職日がわからない。
現在働いている会社は、「在勤及び給与証明書」に入社日が書いてありますので、その入社日を記載してください。

❸ 居住関係を書きます。住所の変更をもれなく書きます。記憶があいまいな方は、閉鎖外国人登録原票の居住歴のとおりに書いてください。

●書き方
1行目は、生まれた場所を書きます。出生届記載事項証明書や出生証明書と同様に書いてください。
2行目から、住所地を記入してください。住所地の最後には、（　）を書き、その中に次の住所に移転した日の前日の日付を書いてください。

129

例：東京都渋谷区神宮前99丁目99番地99号アジアンマンション909号室（平成7年5月4日移転）と書きます。次の住所は、平成7年5月5日千葉県千葉市美浜区99丁目99番地99号というようになります。（　）の中の日付と次の住所が引き続きになります。

最後に移転した住所には、(現在まで) と最後に書き加えてください。

例：東京都渋谷区松涛99丁目99番地99号ヨーロッパマンション909号室（現在まで）

❹ 学歴は、「〇〇学校入学」、「同校卒業」と書きます。中退の場合は、「中退」と書きます。職歴は、会社名、担当職種を書きます。退職の場合は、「前記会社退職」と書きます。転職している場合には、前の会社の最後に（　）をつけ、その勤務最終日を書いてください。

例：株式会社国際貿易入社　営業担当

例：株式会社国際貿易入社　営業担当（平成7年5月4日まで勤務）

現在働いている会社は、(現在まで) と最後に書き加えてください。

例：株式会社国際貿易入社　営業担当（現在まで）

❺ 身分関係は、父、母が死亡している場合は、父死亡・母死亡と書きます。

事実婚（婚姻届を出していないが、一緒に住み夫婦生活をしている状態）がある場合は、「事実婚」と書きます。

130

# 第4章　自分でもできる帰化申請書類作成ガイド・マニュアル

結婚した場合は、婚姻届を届けた日（結婚式をした日ではありません！）にちで、「○○人×
×と婚姻届」と書きます。

子供が生まれたときは、「長男○○出生・二男○○出生」、「長女○○出生」などと書きます。
日付は子供の生まれた日です。

父母が離婚している場合は、「父母離婚」と書きます。

人材派遣会社は、派遣会社と雇用契約があるので、人材派遣会社について記載します。

例：○年×月　㈱△△（人材派遣会社）入社（IT技術職）

　・・○年×月　　㈱○○へ派遣（IT技術職）（平成○年×月まで）

　・・○年×月　　同社契約期間終了

履歴書（その1）は、生まれてから現在までのすべての居住歴と、小学校から現在までのすべての学歴と職歴、出生から現在までのすべての身分関係に関する事項を時系列にまとめたものです。

いわゆる就職面接で使うような写真付き履歴書とは全く別物です。

したがって、引越し回数が多い人、転職回数が多い人、結婚離婚が多い人、年齢が高い人ほどどんどん記載事項が多くなります。多ければ多いほど情報整理が重要で、効率的に書類をつくっていくコツとしては、まず居住歴だけを時系列にまとめ、次に学歴・職歴も時系列に、最後に身分関係も時系列にそれぞれまとめた後に、最後はパズルのように年月日に合わせていくとうまくいくと思います。

131

## 【図表40 履歴書（その１）の記載例】

| 履　歴　書 (その１) | | | 氏名 | 金　龍作 | | |
|---|---|---|---|---|---|---|
| 年 | 月 | 日 | 居　住　関　係 | | 学歴・職歴 | 身分関係 |
| 昭29 | 4 | 18 | 大韓民国慶尚南道普陽郡文山面安全里○番地 | | | 出生 |
| 34 | 9 | 2 | 父母と渡日、横浜市戸塚区幸町○番地（45.3まで） | | | |
| 36 | 4 | | | | 市立五幸小学校入学 | |
| 42 | 3 | | | | 同校卒業 | |
| | 4 | | | | 市立第一中学校入学 | |
| 45 | 3 | | | | 同校卒業 | |
| 45 | 4 | | 東京都新宿区柏木○丁目○番地に移転（55.8まで） | | 私立松木高等学校入学 | |
| 48 | 3 | | | | 同校卒業 | |
| 48 | 4 | | | | 昭和食品㈱勤務　営業担当 | |
| 55 | 9 | | | | | 韓国人姜和子と事実婚 |
| 56 | 8 | 20 | | | | 上記婚姻届出 |
| 63 | 3 | 16 | | | | 母死亡 |
| | 9 | 1 | 東京都中野区野方○丁目○番○号メゾン○○301号室に移転（現在まで） | | | |
| 平元 | 3 | | | | 前記会社退職　平4.3月まで㈱石山工業でアルバイト | |
| 3 | 5 | 26 | | | | 長女　信子出生 |
| 4 | 4 | 1 | | | 東京寿商事㈱入社　営業担当 | |
| 16 | 4 | 1 | | | 第一営業部販売課長（現在まで） | |

〔注〕1　「年」は日本の元号で記載する。
2　履歴事項は、古い年代のものから漏れなく記載する。例えば、学歴については、転校、中途退学、卒業の学部等についても記載し、職歴については、勤務先だけでなく、担当した職種についても記載する。
　　また、身分関係については、父母の死亡、事実婚についても記載する。
3　用紙が不足するときは、同一用紙を用いて記載する。
4　この書面は、申請者ごとに作成するが、15歳未満は不要である。

132

## 第4章　自分でもできる帰化申請書類作成ガイド・マニュアル

【図表41　履歴書（その2）の書き方の注意点】

✓ 出入国歴は、パスポートの出入国のスタンプを見ながら書きます。
スタンプが見えない場合や、出入国の回数が多い場合は、法務省に出入国履歴の開示請求をして、出入国を確認してください。

## 4　履歴書（その2）の作成

履歴書（その2）（図表42）は、出入国歴、技能・資格、賞罰を記入します。

出入国歴の記載期間は、簡易帰化で過去1年〜3年分、普通帰化で5年分です。パスポートを見て記入していきますが、印字が薄かったり、出入国が多すぎてよくわからない場合は、出入国記録を請求し、それによるのがよいでしょう。

「目的・同行者等」の欄には、親族訪問、観光旅行、出張などと具体的に書きます。

技能・資格については、主に交通違反になると思います。速度違反や駐車違反

取得日の年月日や番号も記載します。

賞罰の欄に記載するのは、自動車運転免許などの公的免許や国家資格を記載します。

の年月日、反則金額を記載します。

❶ 氏名をフルネームで書いてください。帰化前の氏名を書きます。帰化後の氏名を書いてはいけません。

❷ 入国してから申請するまでの出入国履歴を書いてください。法定住所要件の年

133

## 【図表 42　履歴書（その 2）の記載方法】

| 履歴書（その 2） | 氏名 | ❶ | | | |
|---|---|---|---|---|---|
| 出入国歴（最近　年間）❷ | 回数 | 期間 | 日数 | 渡航先 | 目的, 同行者等 |
| | 1 | 平❸年　月　日<br>　年　月　日 | ❹ | ❺ | ❻ |
| | 2 | | | | |
| | 3 | | | | |
| | 4 | | | | |
| | 5 | | | | |
| | 6 | | | | |
| | 7 | | | | |
| | 8 | | | | |
| | 9 | | | | |
| | 10 | | | | |
| | 総 出 国 日 数 | | ❼ | | |
| 技　能<br>資　格 | ❽ | | | | |
| 賞　　　罰 | ❾ | | | | |
| 確　認　欄 | ❿ | | | | |

(注) 1　「年」は，日本の元号で記載する。
　　 2　出入国歴は法定住所条件に該当する期間について記載する。ただし，最短でも 1 年間は記載する。
　　　 なお，出入国歴が欄が足りないときは，適宜の様式を用いた別紙に記載する。
　　 3　確認欄には，記載しない。

134

## 第4章　自分でもできる帰化申請書類作成ガイド・マニュアル

❸ パスポートを見て、または「出入国履歴」のとおりに日本の元号で書きます。出国が古い順から、新しい順に書きます。

数を書きます。例えば、日本に5年以上住んでいる人は、5年分を書きます。日本人の配偶者等の方で3年で　帰化の法定要件を満たす場合は、3年分を書くだけで大丈夫です。

❹ 出国日数を書きます。

例：平成15年3月16日～15年3月21日の場合は6日です。5日ではありません。引き算した場合は、1日足してください。

月をまたいだ場合や閏年は、その月が何日まであるか、カレンダーで確認してください。

❺ 渡航先を書きます。香港、中国、韓国・アメリカなど。一度にいろんな場所に出国した場合は、韓国・中国と続けて書きます。

❻ 出国の目的と同行者を書きます。親族訪問、観光旅行、仕事で出張、妻と新婚旅行など。

❼ 出国日数の合計を書きます。計算間違いのないように気をつけてください。

135

❽ 自動車運転免許証がある場合には、免許を取った日・免許の種類・免許番号を書きます。
免許を取った日は、免許証の左下に書いてあります（交付の日ではありません！）。
例：平成14年12月16日第1種中型自動車運転免許取得（免許番号　100210011120）
その他資格がある場合は書きます。資格名・合格した日・合格番号（資格の証明書を見ながら書いてください）
例：情報処理技術者試験合格（平成16年11月15日、第FE-2004-20-00000号）
：日本語能力試験1級合格（平成21年1月31日、1F12345）
民間の資格は、書かなくてかまいません

❾ 賞罰は、違反歴について書いてください。
交通違反は、運転記録証明書を見ながら、日付と違反内容と罰金まで書いてください。
刑罰は、判決文を見て書いてください。
例：平成25年7月28日通行禁止違反　罰金7,000円
例：平成26年10月10日窃盗罪　罰金500,000円

❿ 確認欄には何も書きません。
帰化許可が出るかは、犯罪の罪の程度、期間、回数によって法務局が個別的に判断します。

136

# 第4章 自分でもできる帰化申請書類作成ガイド・マニュアル

## 【図表43 履歴書（その2）の記載例】

| 履　歴　書 (その2) | 氏名 | 金　龍作 | | | |
|---|---|---|---|---|---|
| | 回数 | 期　　間 | 日数 | 渡　航　先 | 目的、同行者等 |
| 出入国歴<br>(最近 ○年間) | 1 | 年　月　日<br>～<br>年　月　日 | 6 | 香港 | 会社の同僚と観光旅行 |
| | 2 | 年　月　日<br>～<br>年　月　日 | 7 | 台湾 | 会社の上司と出張 |
| | 3 | 年　月　日<br>～<br>年　月　日 | 8 | シンガポール | 会社の部下と出張 |
| | 4 | 年　月　日<br>～<br>年　月　日 | 20 | 中国 | 同上 |
| | 5 | 年　月　日<br>～<br>年　月　日 | | | |
| | 6 | 年　月　日<br>～<br>年　月　日 | | | |
| | 7 | 年　月　日<br>～<br>年　月　日 | | | |
| | 8 | 年　月　日<br>～<br>年　月　日 | | | |
| | 9 | 年　月　日<br>～<br>年　月　日 | | | |
| | 10 | 年　月　日<br>～<br>年　月　日 | | | |
| | 総　出　国　日　数 | | 41 | | |

| 技　能　資　格 | 昭和52年8月15日　第1種普通自動車運転免許取得<br>(免許証番号0000000000000) |
|---|---|
| 賞　罰 | 平20.8.1　速度違反罰金　9,000円<br>平21.11.3　駐車違反罰金　15,000円<br>平22.12.8　速度違反罰金9,000円 |
| 確　認　欄 | |

(注) 1　「年」は、日本の元号で記載する。
　　 2　出入国歴は法定住所条件に該当する期間について記載する。ただし、最短でも1年間は記載する。
　　　　なお出入国歴欄が足りないときは、適宜の様式を用いた別紙に記載する。
　　 3　賞罰欄には、過去から現在までのすべてについて記載する。
　　 4　確認欄には、記載しない。

## 5　生計の概要（その1）の作成

申請者、配偶者、生計を同じくする親族の収入、支出、資産などを具体的に記載します。

生計の概要にも履歴書と同じく（その1）と（その2）があります。

生計の概要（その1）（図表44）は、手取り月収を、申請の前月分について記載します。仕送りなどによって世帯を異にする親族によって申請者の生計が維持されている場合は、収入欄にその親族からの収入についても記載します。

月収（円）の欄は、給与所得者の場合、在勤及び給与証明書を参考に、税金や保険料を控除した手取り額を記載します。会社役員の場合も、在勤及び給与証明書を参考に役員報酬の手取り額を記載します。不動産投資などで収入がある場合も金額を記載します。

種目の欄には、給与（○○株式会社）・役員報酬・事業収入（建物賃貸収入）、年金などの種類を記載します。

世帯主を異にする親族からの仕送りがある場合は、月収欄には送金額を書き、種目欄には「仕送り」と記載します。

そして備考欄には仕送り人の氏名、申請者との関係を記載します。注意点としては、収入の合計と支出の合計は一致していなければなりません。

138

第4章　自分でもできる帰化申請書類作成ガイド・マニュアル

【図表44　生計の概要（その1）の記載方法】

| 生計の概要 | （その1） | （平成　年　月　日作成）❶ | | |
|---|---|---|---|---|
| 収入 | 氏名 ❷ | 月収（円）❸ | 種目 ❹ | 備考 ❺ |
| | | | | |
| | | | | |
| | | | | |
| | 合計 | ❻ | | |
| 支出 | 支出科目 | 金額（円） | 備考 | |
| | 食費 | ❼ | ❽ | |
| | 住居費 | ❾ | ❿ | |
| | 教育費 | ⓫ | ⓬ | |
| | 返済金 | ⓭ | ⓮ | |
| | 生命保険等掛金 | ⓯ | ⓰ | |
| | 預貯金 | ⓱ | ⓲ | |
| | その他 | ⓳ | ⓴ | |
| | ㉑ | ㉒ | ㉓ | |
| | 合計 | ㉔ | ㉕ | |
| 主な負債 | 借入の目的 ㉖ | 借入先 ㉗ | 残額 ㉘ | 完済予定 ㉙ |

(注)　1　世帯を同じくする家族ごとに作成する。
　　　2　月収は、申請時の前月分について、その手取額を記載する。
　　　3　収入の種目欄には、給与、事業収入、年金等の別を記載する。
　　　4　収入が世帯を異にする親族等からの仕送りによる場合には、月収欄に送金額を、種目欄に仕送りである旨を、備考欄に、仕送人の氏名及び申請者との関係を、それぞれ記載する。

139

主な負債の欄には、主に住宅ローンや自動車のローンについての詳細を記載します。

❶ 作成した年月日を日本の元号で書いてください。在勤及び給与証明書を見て記入します。在勤及び給与証明書は、原則、帰化申請しようとする日の1か月前の月に取得します。
例：平成27年5月20日に帰化申請の本申請をする場合は、平成27年4月分の在勤及び急所書証明書を取得し、生計の概要に記載する日付は平成27年5月○日にします。

❷ 収入のある人の氏名をフルネームで書いてください。
帰化申請する本人と、夫または妻や子供、一緒に住んでいる親族でも収入がある場合には、必ず書いてください。つまり収入がある方全員の在勤及び給与証明書が必要だということです。

❸ 月給の手取りの金額を書いてください。
手取りとは、税金や保険料を除いた、実際に給料として使えるお金です。在勤及び給与証明書の差引支給額か、個人事業主は確定申告書を見て、手取りの金額を書いてください。
社長・役員も役員報酬等を確認して書いてください。
扶養されている人でも、働いている場合は、会社に在勤及び給与証明書を書いてもらい、その額を記入してください。

第4章　自分でもできる帰化申請書類作成ガイド・マニュアル

例：280,000円、350,000円等

❹ 種目は、収入の種類と収入先を書いてください。
サラリーマン・アルバイトは給与、個人事業主・会社経営者は事業収入、年金受給者は年金と書いてください。
会社名も種目の後に書いてください。
例：給与（株）アジアンパワー、事業収入（株）通訳ワールド

❺ 備考の欄は、勤務開始日を書いてください。
勤務開始日は、在勤及び給与証明書の勤務開始日に合わせてください。経営者の場合は、個人事業開業届、会社の登記事項証明書に合わせてください。
例：昭和59年11月から勤務、平成3年5月から経営

❻ 生計を一つにしている家族の収入の合計金額を書いてください。
合計金額は、在勤及び給与証明書や確定申告書を確認しながら、間違いのないように注意してください。

141

この❻の収入の合計金額と、❷の支出の合計金額は、完全に同じ金額にしてください。収入に支出を合わせてください。

支出は、家族全員の合計で書いてください。

支出を書くときのポイントは、まず大体の支出を書き出して、その支出を収入の金額に合わせてバランスを取るようにします。

❼ 食費は、1か月の食費を書いてください。外食やお弁当代も含みます。

❽ 特に何も書きません。

❾ 住居費
家を借りている場合は、家賃を書きます。賃貸借契約書を見て書いてください。
毎月払う共益費・管理費・駐車場代も家賃と合計してください。備考欄❿にその名目を書いてください。
家を買って、住宅ローンを払っている場合は、返済金の欄に書きます→⓭。
社宅や寮に住んでいる場合で、家賃が給与から天引きされている場合、❾の金額欄には何も書かず、❿の備考欄に「社宅家賃（寮費）○○××円給与から天引き」と書きます。

142

## 第4章 自分でもできる帰化申請書類作成ガイド・マニュアル

❿ 家を借りている場合
例：家賃（管理費含む）と書きます。

⓫ 教育に使った金額を書きます。

⓬ 例：書籍代、英会話スクール代、子供の塾代、幼稚園の通園代など

⓭ 借金の毎月の返済額を書いてください。住宅ローンはここに書きます。

⓮ 例：住宅ローン・車のローンなど

⓯ 生命保険等の掛金を書いてください。毎月自分で保険会社に払っている、医療保険や死亡保険、学資保険などのことです。
給料から引かれる健康保険や厚生年金保険、または国民年金のことではありません。

⓰ 特に何も書きません。

143

⑰ 毎月の預貯金の金額を書きます。生計の概要（その2）の預貯金の欄の合計額を、毎月貯めていると考えて、適度な額を預貯金の額を書いてください。今、持っている総額の貯金額のことではありません。基本的に「その他」で収入との合計額を合わせます。
例：50,000円、80,000円など

⑱ 特に何も書きません。

⑲ その他は、主に光熱費・通信費・遊興費等の金額を書きます。電気・ガス・水道代・電話代や、遊興費としては、趣味やレジャーなどに使ったお金を考えてください。
例：30,000円、50,000円

⑳ 光熱費・通信費・遊興費等と書きます。

㉑ 故郷の国に住む親への海外送金がある場合や、特別の支出がある人はこの空欄を使って支出内容を書きます。
例：海外送金

144

第4章　自分でもできる帰化申請書類作成ガイド・マニュアル

㉒　例∶50,000円など

㉓　父母の生活費の仕送りなど

㉔　金額の合計額を書いてください。合計金額は、❻の月収の合計にピッタリ合うようにしてください。合計金額が多かったり、少なかったりした場合は、「食費」や「その他」の項目をバランスよく調整して金額が同じになるようにしてください。

㉕　何も書きません

㉖　借入の目的を書きます。
例∶住宅ローン、自動車の購入、教育ローンなど

㉗　借入先を書いてください。
銀行名と支店名を書きます。銀行とのローンの契約書・借入契約書　を見て書きます。
例∶東京三菱ＵＦＪ銀行渋谷支店、みずほ銀行新宿南本店など

145

㉘ ローンの契約書・借入契約書を見て、現在いくら残っているか確認して、その金額を書きます。
残りの借金を書きます。

㉙ ローン契約書・借入契約書を見て、完済予定日を確認し、日本の元号で書きます。
借金を払い終える日を書きます。
例：平成45年11月、平成37年5月など

生計の概要（その1）の書類は、現在生計を維持できているかを測るための書類ということができます。

毎月定期の収入がどのくらいあり、そして毎月の支出はどのくらいなのか、そして毎月返済しなければならない借金はどのくらいあるのかということです。

収入が多いことにこしたことはないのですが、仮に毎月の収入が少なくても、支出も少ない場合は生計が維持できている、つまり生計が破綻していない場合であれば審査上は問題はありません。

逆に収入が高くても支出が多すぎるのであれば、生計が破綻しているということになります。

自宅が持家であり家賃がかからない場合は、収入が少なくても生計を維持しやすいですし、逆に収入に比べ家賃が高額すぎる場合は、生計を維持しづらくなります。

収入には、本人だけでなく、同居の家族の収入も記載していきます。また、仕送り等がある場合

146

## 第4章　自分でもできる帰化申請書類作成ガイド・マニュアル

### 【図表45　生計の概要（その1）の記載例】

生計の概要　(その1)　　　　　　平成○○年　○月　○日作成

収入

| 氏　名 | 月　収（円） | 種　目 | 備　考 |
|---|---|---|---|
| 金　龍作 | 284,000 | 給料（㈱○○） | 平4.4から勤務 |
| 同上 | 65,000 | 事業収入（建物賃貸収入） | 平14.1から勤務 |
| 姜　和子 | 64,000 | 給料（栄食品パート） | 平21.6から勤務 |
|  |  |  |  |
|  |  |  |  |
|  |  |  |  |
|  |  |  |  |
| 合　　計 | 413,000 |  |  |

支出

| 支出科目 | 金　額（円） | 備　考 |
|---|---|---|
| 食　　費 | 120,000 |  |
| 住　居　費 | 97,500 | 家賃（管理費等を含む） |
| 教　育　費 | 33,000 |  |
| 返　済　金 | 28,500 |  |
| 生命保険等掛金 | 30,000 |  |
| 預　貯　金 | 70,000 |  |
| そ　の　他 | 34,000 | 光熱・水道代、医療費等 |
|  |  |  |
| 合　　計 | 413,000 |  |

主な負債

| 借入の目的 | 借入先 | 残　額 | 完済予定 |
|---|---|---|---|
| 自動車購入 | ○○銀行○○支店 | 1,458,000 | 平32.1 |

(注) 1　世帯を同じくする家族ごとに作成する。
　　 2　月収は、申請時の前月分について、その手取額を記載する。
　　 3　収入の種目欄には、給与、事業収入、年金等の別を記載する。
　　 4　収入が世帯を異にする親族等からの仕送りによる場合には、月収欄に送金額を、種目欄に仕送りである旨を、備考欄に、仕送人の氏名及び申請者との関係を、それぞれ記載する。

147

**【図表46　生計の概要（その2）の書き方の注意点】**

- ✓ 不動産については、不動産（土地と建物のこと）の登記事項証明書を見ながら書いてください。登記事項証明書は法務局で取れます。
- ✓ 預貯金については、記帳後の残高を書きます。または金融機関の残高証明書（金融機関で発行してもらう）を見て書きます。家族全員分の口座を書きます。ただし、いくつも口座を持っている場合も全て記載します。

は、別居の家族によるものであっても仕送り額を記載します。したがって、本人が無職でも帰化できる場合があるというゆえんは、家族の収入によって生計を維持できていることが証明できればということです。

## 6　生計の概要（その2）の作成

不動産、預貯金、株券・社債、高価な動産を記入します。

不動産を持っている場合は、登記事項証明書を参考に記載していきます。時価は中古市場を参考にしましょう。

預貯金については、○○銀行の○○支店まで記載します。金額は多いか少ないかはあまり審査に影響はないので、ありのままに記載してください。通帳のコピーや残高証明書を証明として添付します。

株券・社債等の欄には、所持している株式を書くことが多くなると思います。株は、そもそも時価なので、市場を見て記載します。日々上下しますので、おおよそ合っていればかまいません。

高額な動産欄には、おおむね100万円以上のものを記載します。車種、年式、排気量まで記載し、主に自動車を記載することが多くなるはずです。

148

第4章　自分でもできる帰化申請書類作成ガイド・マニュアル

【図表47　生計の概要（その２）の記載方法】

## 生計の概要　（その２）

### 不動産

| 種類 | 面積 | 時価等 | 名義人 |
|---|---|---|---|
| ❶ | ❷ | ❸ | ❹ |

### 預貯金

| 預入先 | 名義人 | 金額（円） |
|---|---|---|
| ❺ | ❻ | ❼ |

### 株券・社債等

| 種類 | 評価額 | 名義人等 |
|---|---|---|
| ❽ | ❾ | ❿ |

### 高価な動産

| 種類 | 評価額 | 名義人等 |
|---|---|---|
| ⓫ | ⓬ | ⓭ |

(注) 1　高価な動産欄については，おおむね100万円以上のものを記載する。
　　 2　不動産については，国外にあるものを記載する。

時価は中古市場を参考にしてください。

❶ 日本にある不動産の場合は（在日不動産）、海外にある不動産の場合は（在外不動産）と書きます。

在外不動産は本人が持っていれば、書いてください。ただし、証明書は要求されません。

種類は、登記事項証明書の以下の箇所を参照してください。

建物は、登記事項証明書の表題部の、種目の欄に書かれているものを書き、種目の後に構造も書いてください

例：宅地など

土地は、登記事項証明書の表題部の、地目の欄に書かれているものを書いてください。

例：鉄筋コンクリート造など

❷ 建物は、登記事項証明書の表題部の、床面積の欄に書かれている数字を書いてください。

土地は、登記事項証明書の表題部の、地積の欄に書かれている数字を書いてください。

例：72㎡。単位の㎡を忘れずに書くこと。

❸ 購入時の金額を参考にして、中古物件として妥当だと思う金額を書いてください。おおよそで

150

第４章　自分でもできる帰化申請書類作成ガイド・マニュアル

大丈夫です。どうしても詳しく書きたい場合は、不動産屋の価格を参考にしてみたり、路線価を参考にしたり、固定資産評価証明書の金額を書いてください。

例：時価　3,600万円程度

❹ 登記事項証明書の権利部の権利者その他の事項の欄に書いてある権利者を書いてください。
共同名義の場合は、連名で書きます。

例：金龍太郎名義、金龍太郎・金龍作名義

❺ 預入先は、支店名まで書きます。預金通帳のとおりに書いてください

例：三菱ＵＦＪ銀行秋葉原駅前支店

❻ 名義人は、その預貯金口座を持っている人を書きます。

❼ 残高を貯金通帳もしくは残高証明書のとおりに書きます。

❽ 株券・社債等について書きます。証券会社等の取引報告書や取引残高報告書を見て書きます。

例：株券　3,000株
　：社債等　100口

151

❾ 評価額は、申請するときの相場を見て書きます。おおよそで大丈夫です。
例：時価　１２０万円程度

❿ 名義人は、株式・社債等の権利を持っている人を書きます。

⓫ 高価な動産
動産とは、物のことです。時計やバッグ、車、パソコンなど、土地や建物以外のほとんどの物のことをいいます。
例：自動車、貴金属など。自動車は、かっこ書きで（車種・年式・排気量）も書きます。
１００万円以上のものを書きます。

⓬ 評価額は、購入時の金額を参考にして、ご自身が中古額として妥当だと思う金額を書いてください。おおよそで結構です。

⓭ 名義人は、その動産の権利を持っている人を書きます。

生計の概要（その２）は、個人の資産保有状況を説明する書類になります。主に不動産、預貯金、

# 第4章 自分でもできる帰化申請書類作成ガイド・マニュアル

## 【図表48 生計の概要（その2）の記載例】

### 生 計 の 概 要 (その2)

**不動産**

| 種　　類 | 面積（㎡） | 時価等（万円） | 名　義　人 |
|---|---|---|---|
| 宅地 | 150 ㎡ | 時価 3000 万円程度 | 金　龍作名義 |
| 居宅<br>鉄筋コンクリート造 | 76 ㎡ | 時価 2000 万円程度 | 金　龍作名義 |

**預貯金**

| 預　　入　　先 | 名　義　人 | 金　額（円） |
|---|---|---|
| ○○銀行○○支店 | 金　龍作 | 2,000,000 |
| ○○郵便局 | 姜　和子 | 500,000 |
|  |  |  |
|  |  |  |
|  |  |  |

**株券・社債等**

| 種　　類 | 評価額（万円） | 名　義　人　等 |
|---|---|---|
| 株券　3000 株 | 時価 120 万円程度 | 金　龍作 |
| 社債等　100 口 | 時価 240 万円程度 | 金　龍作 |
| ゴルフ会員権　1 口 | 時価 300 万円程度 | 姜　和子 |

**高価な動産**

| 種　　類 | 評価額（万円） | 名　義　人　等 |
|---|---|---|
| 貴金属 | 時価 300 万円程度 | 姜　和子 |
| 普通自動車<br>（クラウン 2009 年式 3000CC） | 時価 350 万円程度 | 金　龍作 |

（注）1　高価な動産欄については、おおむね 100 万円以上のものを記載する。
　　　2　不動産については、国外にあるものも記載する。

株、高価な動産です。

個人の保有資産状況が丸裸になりますので、虚偽はしないようにしてください。あくまでも現時点での資産保有状況を法務局へ伝えるものであり、単に資産が多いか、少ないかというのは「生計を維持できているか」を測るための1つの指標であり、直接的には帰化の許可・不許可に影響するものではないと判断できます。

## 7 在勤及び給与証明書の作成

在勤及び給与証明書（図表49）は、申請者や配偶者、生計を同じくする親族が、給与等の収入を得ている場合には全員分必要です。

職種は、貿易事務、営業などと、できるだけ具体的に書きます。

会社役員の場合は、代表取締役、取締役、などと記入します。

勤務先の代表者か、給与支払責任者が作成したものを提出します。

したがって、大きい会社などで代表取締役の印がもらえない場合は、必ずしも代表取締役の印でなくてもかまいません。給与支払責任者の印でよいということです。

在勤及び給与証明書は、勤務先で書いてもらいます。

154

# 第4章　自分でもできる帰化申請書類作成ガイド・マニュアル

## 【図表49　在勤及び給与証明書の記載方法】

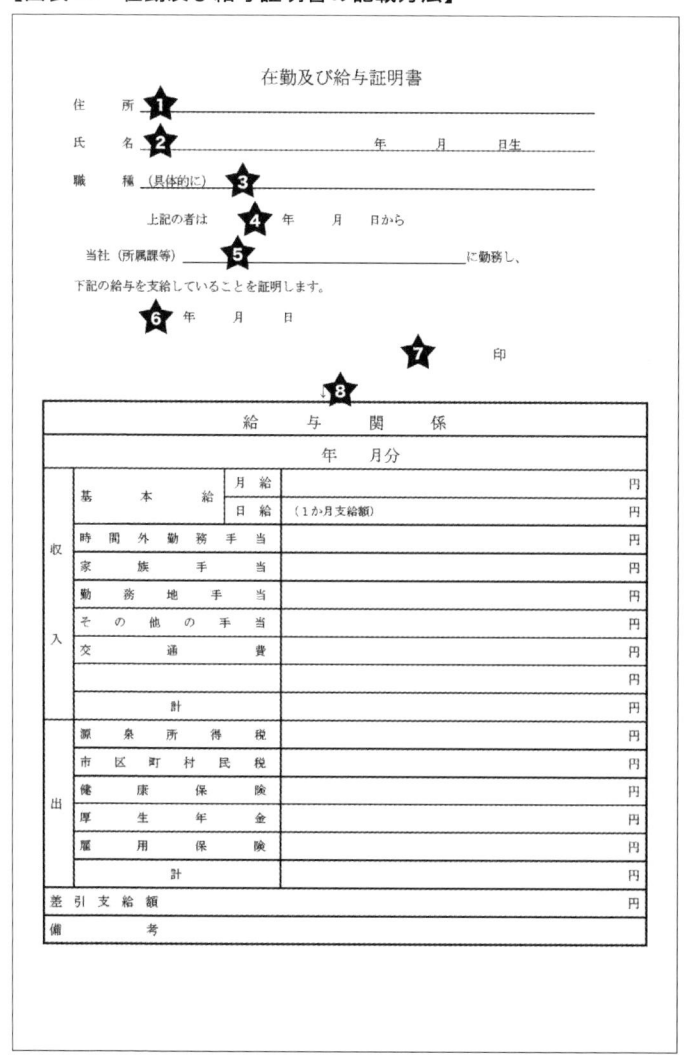

在勤及び給与証明書

住　所　❶＿＿＿＿＿＿＿＿＿＿＿＿＿＿＿＿＿＿＿＿＿＿＿＿＿

氏　名　❷＿＿＿＿＿＿＿＿＿＿＿＿＿　年　　月　　日生

職　種　(具体的に)　❸＿＿＿＿＿＿＿＿＿＿＿＿＿＿＿＿＿＿＿＿

　　　　　　上記の者は　❹　年　　月　　日から

当社（所属課等）　❺＿＿＿＿＿＿＿＿＿＿＿＿＿＿＿に勤務し、

下記の給与を支給していることを証明します。

❻　年　　月　　日

❼　　　　　　　印

❽

| 給　　与　　関　　係 ||||
|---|---|---|---|
| 年　　月分 ||||
| 収入 | 基　本　給 | 月給 |  円 |
| ^ | ^ | 日給 | （1か月支給額）　円 |
| ^ | 時　間　外　勤　務　手　当 || 円 |
| ^ | 家　族　手　当 || 円 |
| ^ | 勤　務　地　手　当 || 円 |
| ^ | そ　の　他　の　手　当 || 円 |
| ^ | 交　通　費 || 円 |
| ^ | ^^ | 円 |
| ^ | 計 || 円 |
| 出 | 源　泉　所　得　税 || 円 |
| ^ | 市　区　町　村　民　税 || 円 |
| ^ | 健　康　保　険 || 円 |
| ^ | 厚　生　年　金 || 円 |
| ^ | 雇　用　保　険 || 円 |
| ^ | 計 || 円 |
| 差　引　支　給　額 ||| 円 |
| 備　　考 ||||

155

❶ 帰化申請人の住所です。会社の住所ではありません。

❷ 帰化申請人の氏名と住所を書きます。

❸ 職種を具体的に書きます。在留資格に合わせてください。
例：通訳・翻訳など

❹ 入社日を書きます。在留資格に合わせてください。

❺ 所属課を書きます。
例：〇〇部〇〇課

❻ この証明書を書いた日を書きます。

❼ 会社の名前、住所、代表者（社長）の名前を書きます。この部分は、手書きでもゴム印でもかまいません。会社印を忘れないようにしてください。

❽ 給与明細どおりに書いてください。年と月を忘れずに！

会社経営者や個人事業主は、上司がいませんので、自己証明という形で自分で自分の「在勤及び給与証明書」を作成することになります。

自分で詳細を埋めて、自分で印を押すという形です。

注意点としては、複数会社を経営していて、その中の1社は役員報酬が0という場合でも、この書類を作成しなければなりません。

形だけであっても、役員として登記されている会社に関しては、在職している以上省略ができない書類になります。

役員報酬が0の場合は、数字は全部0でこの書類を作成します。

## 8 宣誓書の作成

宣誓書（用紙は、図表50参照）は、事前に準備する必要はありません。法務局に置いてあり、申請が受付になる際に、担当官の前で自筆で署名します。

15歳未満の者は不要です。

【図表 50　宣誓書の用紙】

宣　誓　書

私は、日本国憲法及び法令を守り、定められた義務を履行し、善良な国民となることを誓います。

平成　　年　　月　　日

氏名

## 9 帰化の動機書の作成

帰化申請の「動機書」は、「どうして帰化したいか？」についての自分の作文です。何を書けばいいのか？ どうやって書けば許可になるのか？ と思っている人が多いのではないでしょうか。このとおりに書かなければいけないということではないので、あくまでも参考です。

帰化の動機書は、基本的にすべての外国人が書かなければなりませんが、特別永住者だけは書かなくてもよいことになっています。

帰化の動機書の作成は、特別永住者だけ免除されているのです。

まず、動機書の用紙は、A4サイズです。手書き記入します。パソコンでは、記入はできません。

動機書というのは、なぜ日本に帰化して、ずっと日本に住んでいきたいのかについてです。

図表51に記載例を掲載したので参考にしてください。

長々と取り留めもなく帰化の動機を書けばよいというのではありません。コンパクトに要点をまとめ、A4サイズ1枚に抑えるのが通常です。

申請人の国籍、職業、家族構成、学歴、職歴、生計状況、素行、結婚や離婚のことを文章に入れて動機書を作成していってください。

## 【図表 51-1　帰化動機書の記載例（会社員の場合）】

帰　化　の　動　機　書

私は、昭和〇〇年〇月〇日に、中国〇〇省に生まれた中国人です。中国の〇〇〇大学を卒業した後、日本への留学を決意しました。平成〇〇年〇月に来日し、日本語学校で1年半日本語を学んだ後、平成〇〇年〇月に〇〇〇〇専門学校に入学、経理に関する専門的な知識を身につけ平成〇〇年3月に同校を卒業しました。

卒業後は、株式会社〇〇〇〇に入社し、生産管理（中国生産工場）及び企画指示の業務に携わっております。

入社から5年が経ち、上司や同僚にも実力を認められ、ますます仕事が楽しくやりがいを感じています。また、学校生活や仕事を通じて多くの友人・知人を得ることができ、充実した毎日を過ごしています。

私には前科もなく、納税義務を果たし、善良な生活を送っています。

日本は先進国であるだけでなく、礼儀を大切にし、環境にも配慮する素晴らしい国です。

私はこれからもこの素晴らしい日本で暮らし、社会人として働いていくことを希望しています。そのためにも日本に帰化をしたいと心から望んでいます。

どうかご許可を賜りますよう、よろしくお願い申し上げます。

平成〇〇年　〇月　〇日<br>申請者　〇　〇〇

(注) 1　帰化したい理由を具体的に書き、末尾に作成年月日を記入し、署名する。
　　 2　原則として、申請者が自筆（ワープロは不可）する。

第4章　自分でもできる帰化申請書類作成ガイド・マニュアル

## 【図表51-2　帰化動機書の記載例（日本人の配偶者で主婦の場合）】

帰　化　の　動　機　書

私は、昭和○○年○月○日に、フィリピンの○○○に生まれたフィリピン人です。

本国の学校を卒業した後、日本人の○○○○○と知り合い、平成○○年○月に結婚し、

平成○○年○月に来日しました。

その後、平成○○年に長女「○○」を授かり、平成15年には長男「○○」を授かりました。子供は共に日本国籍となっており夫の戸籍に入っております。今は家族4人で暮らせる幸せを感じており、家庭は以前にも増して円満で、4人で仲良く暮らしています。また、私には前科もなく、一家で税金をきちんと納め善良な生活を営んでいます。

私はこのように充実した日々を送ることのできる日本という国が大好きです。私はこの素晴らしい日本でこれからも家族と共に暮らし続け、日本国籍の夫と我が子と共に生きていくことを希望しています。そのためにも日本に帰化をしたいと心から望んでいます。

平成○○年　○月　○日

申請者　　○○○

(注)　1　帰化したい理由を具体的に書き、末尾に作成年月日を記入し、署名する。
　　　2　原則として、申請者が自筆（ワープロは不可）する。

## 【図表 51-3　帰化動機書の記載例（経営者の場合）】

## 帰 化 の 動 機 書

　私は韓国で生まれ育ち、大学を卒業後韓国の証券会社に勤務しましたが、平成〇〇年〇月に退社し、平成〇〇年〇月に日本へ来日しました。

　来日して１１年になりますが、日本の人々にたくさんのことを教わりました。仕事に対し真剣かつ勤勉で責任感があり、細かい所にも着眼し大切にする姿や、文化や環境、資源を大切にする姿、そして他人の気持ちを大切にする心、これらすべてに感動し、勉強させられました。不器用な自分にとって改めて成長できた１１年になったと心から思えます。そんな素晴らしい国で今後も生活していき、これまでの経験を活かし、日本の人々や日本の社会に少しでも恩返しできればと思っています。

　私は現在、〇〇市で購入した自宅に住んでおり、春には桜、夏には緑を見ることができ、天気のいい日にはベランダからスカイツリーと富士山を同時に眺めることができたりと、最高の住み心地です。

　また、私が現在経営している会社は東日本大震災と同じ年に設立しました。震災後の日本が再び羽ばたくことを堅信し、私の経営する会社が少しでも日本の社会に貢献できるよう日々努力していきたいと思っています。

　どうか帰化許可のほどよろしくお願い致します。

以上

平成〇〇年〇月〇日　　申請人　〇〇

(注) 1　帰化したい理由を具体的に書き、末尾に作成年月日を記入し、署名する。
　　 2　原則として、申請者が自筆（ワープロは不可）する。

## 10 申請者の自宅付近の略図の作成

申請者の居宅付近の略図等（図表52）は、過去3年以内に引越しをしている場合は、複数枚必要になります。過去3年以内に引越しで住所が変わっている人は、前住所のものも別用紙で作成します。引越しが多い人は、前々住所、さらに前々々住所の分まで、現在から過去3年分までを作成する必要があります。1日でもいた住所はもれなく書きます。

略図は、自宅付近の地図を手書きすることになりますが、グーグルマップで経路をつけて貼り付けることでも代用可能です。手書きするよりグーグルマップを貼り付けたほうが早くできると思います。

そして地図の下には、最寄りの交通機関からの徒歩での所要時間を記載します。

❶ 国籍を記入します。

❷ 氏名を記入します。帰化前の氏名です。

❸ 住民票のとおりに住所を書きます。

**【図表 52　居宅付近の略図等書き方】**

## 居宅附近の略図等

| 国　　籍 | ❶ | 氏　　名 | ❷ |
|---|---|---|---|
| 前々住所<br>前　住　所<br>現　住　所 | ❸　　　　　　　　　　　　　　　　　　　　　　　　　　　　　　　　　　　　　　　　　　　　住み始めた年月日　❹平成　　年　　月　　日～平成　　年　　月　　日<br>　　　　　　　　　　　　　　　　　　　　　　　　　［電話　❺　　　　　　　］ | | |

あなたの国籍を、近所の人は知っているか
　　　□知っている　　　　□知らない　❻

居宅附近の略図

❼

※目標、最寄りの交通機関、駅名、停留所からの所要時間、経路等を記載すること。

164

## 第4章　自分でもできる帰化申請書類作成ガイド・マニュアル

❹ いつからいつまで住んでいたかを書きます。住民票・住民票の除票・閉鎖外国人登録原票を参考にします。

❺ 電話番号を書きます。携帯電話番号でも構いません。

❻ どちらかにチェックします。

❼ 地図を書いてください。最寄り駅から自宅までの簡略な図です。
グーグルマップやヤフーの地図を印刷できる方は、その地図を貼っていただいても大丈夫です。地図の下には、最寄り駅から徒歩で何分くらいかを記入します。
駅から自宅前の経路は、矢印↓でつないでください。

例：JR東京駅から徒歩5分
パソコンが少し詳しい方は、次のやり方が一番早いです。①グーグルマップを画面を開いて住所を入力する→②徒歩の経路を表示にする→③スタート地点を最寄り駅に設定する→④最寄り駅から自宅までの徒歩での経路と時間が表示される→⑤パソコン画面をスクリーンショットする→⑥ペイントを開いてスクリーンショットした画面を貼り付ける→⑦適当な大きさにトリミングして切り取る→⑧事業の概要の書式に貼り付ける。

165

【図表53　居宅付近の略図等の記載例】

## 居宅附近の略図

| 国　　籍 | 韓国 | 氏　　名 | 金　龍作 |
|---|---|---|---|

| 現　住　所 | 東京都中野区野方○丁目○番○号　メゾン○○301号室<br><br>住み始めた年月日　　平成18年　9月　1日　～　現在まで<br>　　　　　　　　　　　　　　　　　　　［電話　　000－000－000　　　］ |
|---|---|

あなたの国籍を、近所の人は知っているか
　　□知っている　　　　■知らない

居宅附近の略図

西武新宿線野方駅から徒歩4分

※目標、最寄りの交通機関、駅名、停留所からの所要時間、経路等を記載すること。

## 11 申請者の勤務先付近の略図の作成

居宅付近の略図とほぼ同じですが、こちらも過去3年以内に転職をしている場合は複数枚必要になります（記載例は、図表54参照）。

過去3年以内に転職を繰り返している人は、前勤務先のものも別用紙で作成します。転職が過去3年以内に複数回ある人は、前勤務先、前々勤務先の分まで現在から3年分までを作成する必要があります。

略図は、勤務先付近の地図と、最寄りの交通機関からの経路、所要時間を記載します。こちらも手書きができない人は、グーグルマップで経路をつけて貼り付けることでの代用も可能です。

もちろんヤフーの地図でも大丈夫です。

申請人が無職で、両親や配偶者に扶養してもらっている場合は、両親や配偶者の勤務先の略図を記入することになります。

ちなみに、主婦や学生で3年間無職の方は、記載不要になりますが、アルバイトをしている場合は、アルバイトの経歴について「申請者の勤務先の略図」を記入する必要があります。

## 【図表54　勤務先付近の略図等の記載例】

### 勤務先附近の略図等

| 国　　籍 | 韓国 | 氏　　名 | 金　龍作 |
|---|---|---|---|

現 勤 務 先　東京都台東区上野7-4-3上野ビル
　　　　　　東京寿商事㈱

　　　　　　勤　務　期　間　　　　　　平成14年4月1日　～　現在まで
　　　　　　　　　　　　　　　　　　　　　　　［電話　　000-000-000　　　］

あなたの国籍を、勤務先（取引先）の人は知っているか
　　□知っている　　　　■知らない

勤務先附近の略図

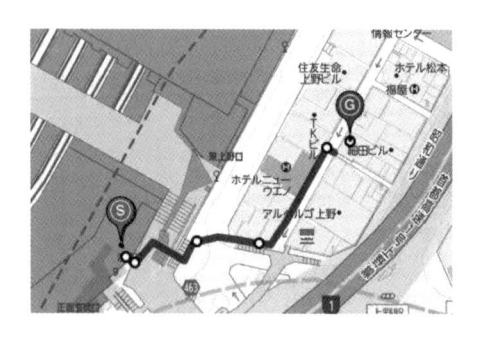

JR 山手線上野駅から徒歩2分

※目標、最寄りの交通機関、駅名、停留所からの所要時間、経路等を記載すること。

## 12　事業の概要の作成

事業の概要（図表55）は、事業主（会社経営者、取締役）の方が作成します。一般の給与所得者は、事業の概要は作成不要です。

代表取締役以外に、単に役員として登記されている方も作成しなければなりません。また、個人事業主の方も作成しなければなりません。本人が事業主の場合だけでなく、本人は会社員または無職でも、本人と生計を一にする親族が事業主の場合も作成する必要があります。

複数の法人を経営している場合は、法人ごとに別けて作成します。つまり、作成枚数が増えるということになります。

対象となる期間は、法人の場合は直近の決算期、個人事業主の場合は前年分（1月～12月）について記載します。

事業の概要は、決算報告書や登記事項証明書、許認可の証明書を参考に作成していきます。

従業員数の欄の「専従者」とは、生計を一にしている配偶者や親族が経営する事業に従事している場合に、その人数を記入します。

【図表56　事業の概要の書き方の注意点】

✓ 会社の登記事項証明書（登記簿謄本）、許認可の必要な事業の場合はその許認可証明書を見ながら書いてください。

## 【図表55 事業の概要の書き方】

| 事業 の 概 要 |||| 対象となる期間 | 平成 ❶ 年 月～平成 年 月 |||
|---|---|---|---|---|---|---|---|
| 商 号 等 ||| ❷ | 所 在 || ❸ ||
| 開業年月日 ||| ❹ | 経 営 者 || 申請者との関係 ❺（　　） ||
| 営業の内容 ||| ❻ | 許認可の年月日番号等 || ❼ | （確認欄）❽ |
| ^ ||| ^ | 営業資本 || ❾ | 万円 |
| ^ ||| ^ | 従業員数 || ❿ 名（内専従者　名） ||
| 事業用財産 ||| ⓫ ||||||
| 売 上 高 ||| ⓬ 万円 | 営業外費用 ||| ⓰ 万円 |
| 売 上 原 価 ||| ⓭ 万円 | 特別利益 ||| ⓱ 万円 |
| 販 売 費 等 ||| ⓮ 万円 | 特別損失 ||| ⓲ 万円 |
| 営業外収益 ||| ⓯ 万円 | 利益 ||| ⓳ 万円（利益率　） |
| ^ | 借入年月 | 借 入 先 | 借入額（万円） | 期末残額（万円） ||| 返済の方法 |
| 負債 | 昭・平 ⓴ | ㉑ | ㉒ | ㉓ ||| ㉔ |
| ^ | 昭・平 | | | |||  |
| ^ | 昭・平 | | | |||  |
| ^ | 昭・平 | | | |||  |
| ^ | 昭・平 | | | |||  |
| 借入の理由及び返済状況 ||| ㉕ |||||
| ^ | 名称又は代表者名 | 所　在 | 電話番号 | 年間取引額 || 取引の内容 | 取引期間 |
| 取引先 | ㉖ | ㉗ | ㉘ | ㉙ || ㉚ | ㉛ |
| ^ | | | | ||  |  |
| ^ | | | | ||  |  |
| 備考 ||| ㉜ |||||

(注)　1　「年」は、日本の元号で記載する。
　　　2　複数の事業を営んでいる場合には、1事業ごとに作成する。
　　　3　個人事業者は前年分について、法人は直前の決算期について、それぞれ作成する。
　　　4　確認欄には、記載しない。

第４章　自分でもできる帰化申請書類作成ガイド・マニュアル

❶ 会社は、直前の決算期（定款に書かれている事業年度）を記載してください。個人事業は、前年分を記載します。例：平成26年1月1日〜平成26年12月31日

❷ 商号を書きます。会社名、個人事業名です。

❸ 所在は、住所を書きます。丁目番地の表記は○─○─○と省略せずに、登記事項証明書のとおりに記載してください。個人事業の方は、個人事業の住所です。

❹ 開業年月日を書いてください。会社を設立した日、個人事業開業届けを出した日です。単に商売を始めた日ではありません。

❺ 会社の代表・個人事業主の氏名を書いてください。申請者との関係は、本人・兄・父など続柄を書いてください。

❻ 営業の内容を書きます。会社は、定款の営業の目的をそのまま書いてください。事業目的がたくさんある場合は、本業を書いてください。

171

例：建設資材の販売

個人事業は、営業の内容を書いてください。

❼ 許認可の必要な事業の場合、許認可証明書を見て、認可の年月日と許可番号を書き写してください。

例：建設工事の請負

❽ 何も書きません。

❾ 会社の場合は、資本金の額を書いてください。個人事業主は、資本金がないため、0でかまいません。

❿ 従業員数を書きます。従業員とは、パート・アルバイトも含めた社員のことです。経営者は、含みません。

専従者とは、経費として認められる親族の従業員のことです。

例：申請者の夫が経営者で、妻が専従者、2名の従業員がいる場合は、従業員数3名（内専従者1名）と書きます。

172

第4章　自分でもできる帰化申請書類作成ガイド・マニュアル

⓫ 事業用の財産を書きます。
財産の名前だけでなく、種類と数も書きます。
例：店舗、小型トラック1台、軽自動車2台など

次の⓬〜⓳は、❶と同じ期間（法人は直前の決算期について、個人事業者は前年分について）、各決算書等を見ながら書きます。
1万円以下は切り捨てです。

⓬ 売上高です。

⓭ 売上原価です。

⓮ 販売費等を書きます。販売手数料、販売促進費（広告費）などです。

⓯ 営業外収益です。企業の本業以外の活動で発生する収益です。

⓰ 営業外費用です。企業の本業以外の活動で発生する費用です。

173

⑰ 特別利益です。事業の展開上、通常発生しない例外的に発生した利益です。

⑱ 特別損失です。事業の展開上、通常発生しない例外的に発生した損失です。

⑲ 利益です。利益は、純利益です。

例えば、青色申告控除前の最終利益のことです。総売上を、その他の経費で割った利益率も
（　）内に書いてください。

⑳ 借入年月日は、昭和か平成かを書き、何年何月かを書きます。

㉑ 借入先を書きます。銀行、信用組合、日本政策金融公庫などです、正式名を支店名まで書きます。個人から借り入れている場合も個人の方の氏名を書きます。

⑳〜㉔は、負債について書きます。借入証書を見ながらしっかり書いてください。

㉒ 当初の借入額です。

㉓ 現時点での期末残高です。

174

## 第4章　自分でもできる帰化申請書類作成ガイド・マニュアル

㉔ 例：毎月5日など、返済の支払方法を書きます。

㉕ 借入れの理由と返済状況です。
例：開業準備並びに事業拡張のために借り入れ、遅滞なく返済している。
　　トラックやダンプ設備投資のために借り入れ、遅滞なく返済している。

㉖ 名称または代表者名を書きます。
例：（株）清水制作所

㉖～㉛は、主要な取引先数社を書きます。

㉗ 所在です。都道府県から書きます。
例：東京都大田区大森西1丁目99番99号

㉘ 電話番号です。

㉙ 年間の取引額です。

❸ 取引の内容です。簡潔に書きます。

例：建設資材の仕入れ、建設工事など

❸ 取引期間です。

例：開業時から、10年など

❸ 備考は、主要な取引銀行を書きます。

例：取引銀行　三菱東京ＵＦＪ銀行秋葉原駅前支店

この「事業の概要」の書類は、2社経営している場合は2枚書く必要がありますし、3社経営している方は3社分（3枚）書く必要があります。

筆者の経験では以前6社経営している外国籍の社長の帰化申請を請け負ったことがありました。その際には会社の書類だけでダンボール1箱分くらいのボリュームになったことを覚えています。

また、普通の会社員なのですが、役員として登記されてはいるが役員報酬は0という方も意外と多く見受けられました。

役員登記（取締役として登記）されている時点で「事業の概要」の書面が必要になり、会社経営

# 第4章 自分でもできる帰化申請書類作成ガイド・マニュアル

## 【図表57 事業の概要の記載例】

| 事業の概要 | | 対象となる期間 | 平成○○年○月～平成○○年○月 |
|---|---|---|---|
| 商号等 | ㈱○○工務店 | 所在 | 東京都中央区茅場町○○○～～ |
| 開業年月日 | 平15年10月1日 | 経営者 | ○○ ○<br>申請者との関係（　本人　） |
| 営業の内容 | 1 建設資材の販売<br>2 建設工事の請負 | 許認可の年月日番号等 | 平15.5.7般－04　（確認欄）<br>第2×80号 |
| | | 営業資本 | 1000万円 |
| | | 従業員数 | 8名（内専従者　1　名） |
| 事業用財産 | 店舗（木造2階建）、小型ダンプカー1台 | | |
| 売上高 | 5,435万円 | 営業外費用 | 0万円 |
| 売上原価 | 2,250万円 | 特別利益 | 0万円 |
| 販売費等 | 2,765万円 | 特別損失 | 0万円 |
| 営業外収益 | 7万円 | 利益 | 427万円（利益率　7％　） |

| | 借入年月 | 借入先 | 借入額（万円） | 期末残高（万円） | 返済の方法 |
|---|---|---|---|---|---|
| 負 | 平 19 10 | ○○銀行 | 800 | 310 | 毎月5万円 |
| | 平 21 3 | ○○信用金庫 | 1,000 | 480 | 毎月10万円 |
| | 平 23 4 | 山田　一夫 | 200 | 50 | 随意 |
| 債 | 昭・平 | | | | |
| | 昭・平 | | | | |

| 借入の理由及び返済状況 | 開業準備並びに事業拡張のため借り入れ、遅滞なく返済している |
|---|---|

| | 名称又は代表者名 | 所在 | 電話番号 | 年間取引額（万円） | 取引の内容 | 取引期間 |
|---|---|---|---|---|---|---|
| 取 | ㈱清水製作所 | 東京都大田区大森西○-○ | 00-0000-0000 | 1,800 | 建設資材の仕入れ | 開業時から |
| 引 | 山川物産㈱ | 東京都荒川区町家○ | 00-0000-0000 | 540 | 備品仕入れ | 3年 |
| 先 | ㈱大木建設 | 東京都目黒区中目黒○-○-○ | 00-0000-0000 | 2,900 | 建設工事 | 5年 |

| 備考 | 取引銀行<br>○○信用金庫○○支店、○○銀行○○支店 |
|---|---|

(注) 1 「年」は、日本の元号で記載する。
　　 2 複数の事業を営んでいる場合には、1事業ごとに作成する。
　　 3 個人事業者は前年分について、法人は直前の決算期について、それぞれ作成する。
　　 4 確認欄には、記載しない。

## 【図表57 事業の概要の記載例】

<table>
<tr><td colspan="2">事業の概要</td><td>対象となる期間</td><td colspan="2">平成○○年○月～<br>平成○○年○月</td></tr>
<tr><td colspan="2">商　号　等</td><td colspan="1">㈱○○工務店</td><td>所　在</td><td>東京都中央区茅場町○○○～～</td></tr>
<tr><td colspan="2">開業年月日</td><td>平15年10月1日</td><td>経営者</td><td>○○　○<br>申請者との関係（　　本人　）</td></tr>
<tr><td rowspan="4" colspan="2">営業の内容</td><td rowspan="4">1　建設資材の販売<br>2　建設工事の請負</td><td>許認可の年月日番号等</td><td>平15.5.7 般-04<br>第2×80号　　（確認欄）</td></tr>
<tr><td>営業資本</td><td>1000万円</td></tr>
<tr><td>従業員数</td><td>8名（内専従者　1　名）</td></tr>
<tr><td colspan="2"></td></tr>
<tr><td colspan="2">事業用財産</td><td colspan="3">店舗（木造2階建）、小型ダンプカー1台</td></tr>
<tr><td colspan="2">売上高</td><td>5,435万円</td><td>営業外費用</td><td>0万円</td></tr>
<tr><td colspan="2">売上原価</td><td>2,250万円</td><td>特別利益</td><td>0万円</td></tr>
<tr><td colspan="2">販売費等</td><td>2,765万円</td><td>特別損失</td><td>0万円</td></tr>
<tr><td colspan="2">営業外収益</td><td>7万円</td><td>利益</td><td>427万円（利益率　7%　）</td></tr>
<tr><td rowspan="6">負<br><br>債</td><td>借入年月</td><td>借入先</td><td>借入額（万円）</td><td>期末残高（万円）</td><td>返済の方法</td></tr>
<tr><td>平 19 10</td><td>○○銀行</td><td>800</td><td>310</td><td>毎月5万円</td></tr>
<tr><td>平 21 3</td><td>○○信用金庫</td><td>1,000</td><td>480</td><td>毎月10万円</td></tr>
<tr><td>平 23 4</td><td>山田　一夫</td><td>200</td><td>50</td><td>随意</td></tr>
<tr><td>昭・平</td><td></td><td></td><td></td><td></td></tr>
<tr><td>昭・平</td><td></td><td></td><td></td><td></td></tr>
<tr><td colspan="2">借入の理由及び返済状況</td><td colspan="4">開業準備並びに事業拡張のため借り入れ、遅滞なく返済している</td></tr>
<tr><td rowspan="4">取<br><br>引<br><br>先</td><td>名称又は代表者名</td><td>所　在</td><td>電話番号</td><td>年間取引額（万円）</td><td>取引の内容</td><td>取引期間</td></tr>
<tr><td>㈱清水製作所</td><td>東京都大田区大森川○-○</td><td>00-0000-0000</td><td>1,800</td><td>建設資材の仕入れ</td><td>開業時から</td></tr>
<tr><td>山川物産㈱</td><td>東京都荒川区町家○</td><td>00-0000-0000</td><td>540</td><td>備品仕入れ</td><td>3年</td></tr>
<tr><td>㈱大木建設</td><td>東京都目黒区中目黒○-○-○</td><td>00-0000-0000</td><td>2,900</td><td>建設工事</td><td>5年</td></tr>
<tr><td colspan="2">備<br>考</td><td colspan="5">取引銀行<br>○○信用金庫○○支店、○○銀行○○支店</td></tr>
</table>

(注) 1 「年」は、日本の元号で記載する。
　　 2 複数の事業を営んでいる場合には、1事業ごとに作成する。
　　 3 個人事業者は前年分について、法人は直前の決算期について、それぞれ作成する。
　　 4 確認欄には、記載しない。

# 第4章　自分でもできる帰化申請書類作成ガイド・マニュアル

【図表58　申述書の用紙】

```
                    申述書

    私と_____との間に生まれた子は、下記のとおりです。

  ┌──────┬─────┬─────┬──────────┐
  │ 氏名   │ 続柄  │ 生年月日│ 出生地       │
  ├──────┼─────┼─────┼──────────┤
  │      │     │     │          │
  ├──────┼─────┼─────┼──────────┤
  │      │     │     │          │
  ├──────┼─────┼─────┼──────────┤
  │      │     │     │          │
  └──────┴─────┴─────┴──────────┘


                  年　月　日
            住所
            氏名              印
```

者としての義務を履行していることが帰化要件となりますので、勤めている会社の厚生年金加入や税金支払いについても留意していく必要が発生します。

場合によっては、役員報酬なしの単に名義貸し的な取締役にすぎない場合は、事前に登記を外すなどの事前調整を行ったほうがよろしいかと思います。

## 13　申述書の作成

申述書は、実母に記入してもらう書類です。上段の「私と○○○○の間に生まれた子は……」の下線部に入るのは、実父の名前です。表には、兄弟姉妹の情報を書き込みます。そして、最後に、実母の現住所と氏名を記入して、捺印します。印鑑のない国はサインをしてもらいます。

お母さんが亡くなっている場合は、実母の署名・捺印の箇所は実父の名前

179

でしてもらいます。

もし、実母・実父が共に亡くなっている場合は、兄弟姉妹の中で第1子が兄弟姉妹を代表して記入するということになります。

海外にお母さんが住んでいる場合は、郵送して記入して返送してもらう流れになります。

## 14　申請日に持参するもの

申請日に持参しなければならないものは、意外と多くあります。

基本的にコピーで提出するものは、「原本照合」のため原本を持参する必要があります。

申請日に持参するものの一例を次に列挙しておきます。

・在留カード
・パスポート（新・旧）
・運転免許証
・卒業証書の原本
・賃貸借契約書の原本
・各種資格証明書の原本
・預金通帳

第4章 自分でもできる帰化申請書類作成ガイド・マニュアル

・確定申告書の控え
・年金の領収書　など

## 15 帰化申請後に注意すべきこと

帰化許可申請後に、次に掲げる例のように、申請内容や既に法務局の担当者に伝えている事項に変更が生じたとき、または新たな予定等が生じたときは、必ず速やかに法務局の担当官に連絡してください。

・住所または連絡先を変更したとき
・婚姻、離婚、出生、死亡、養子縁組、離縁など身分関係に変動があったとき
・在留資格や在留期限が変わったとき
・日本からの出国予定が生じたとき
・日本からの出国後、再入国したとき
・法律に違反する行為（交通違反を含む）をしたとき
・勤務先など、仕事関係が変わったとき
・帰化後の本籍や氏名を変更しようとするとき
・その他法務局へ連絡する必要が生じたとき

181

これらの事項が生じた場合は、追加で書類の提出を指示されることが多いので、担当官の指示に従うようにします。

# 16 FAQ

(在日韓国人、一般の外国人共通)

Q：申請中は海外に行けませんか？
A：行けます。必ず事前に法務局に海外に行くことを報告してから行かなければならないという規則になっています。中国人の方で国籍証書を取るときにパスポートが切れて無効になった人は、大使館で「旅行証」を申請してもらえばパスポートの代わりになるので海外に行けます。

Q：申請中に転職しても大丈夫ですか？
A：はい、転職しても大丈夫です。ただし転職の事実を報告するのと、新しい会社の証明書を提出することになります。転職自体が不利になることはないです。

Q：申請中に結婚しても大丈夫ですか？

182

# 第4章　自分でもできる帰化申請書類作成ガイド・マニュアル

A：はい、結婚しても大丈夫です。結婚したら結婚報告と配偶者の書類を提出する必要があります。結婚自体が不利になることは特にないです。

## (一般の外国人のみ対象)

Q：帰化と永住の違いは何ですか？
A：帰化は「日本人になること」です。自分の国の国籍がなくなります。日本人と同じ権利と義務が発生します。
永住は「永住者」の在留資格を取得することです。永住者は、更新が不要で、仕事の制限もありません。

Q：在留資格の更新がもうすぐです。帰化申請すれば更新しなくてもいいですか？
A：在留資格の更新は必要です。在留資格は入国管理局に申請しますが、帰化は法務局です。在留資格申請と帰化申請は、全く別の手続きなので、期限が切れたらオーバーステイになってしまいますし、オーバーステイの人は帰化できません。必ず更新してください。

Q：今、在留期間が3年ではなくて1年です。帰化できますか？
A：はい、大丈夫です。3年が必要なのは永住許可申請の要件です。

183

### 著者略歴

**小島 健太郎**（こじま けんたろう）

さむらい行政書士法人 代表社員。

福島県出身。1979年生まれ。桜美林大学文学部英語英米文学科卒業。

行政書士・入国管理局申請取次行政書士。東京都行政書士会所属。

アジア諸国・欧米など各国出身の外国人の法的手続きを支援している。帰化申請は人生で1度だけの国籍変更だからこそ、失敗は許されなく「許可」というお客様の満足のために、専門知識を駆使し結果を出すことにこだわっている。日本のグローバル化を支援するのがミッション。お客様に言われてうれしかったことは「小島さんのおかげで許可が取れました！」。帰化相談実績1,000名以上、帰化申請サポート実績300名以上。

さむらい行政書士法人HP http://www.samurai-law.com

外国人の在留資格・VISA・帰化、対日投資手続きを専門に扱う。専門性の高いコンサルティングにより高い信頼を得ている。

帰化許可申請に関しては、情報提供と代行サービス紹介サイト「帰化ドットコム」http://www.kikajapan.com を運営。

### 必ず取れる日本国籍！ 帰化申請ガイド

2015年4月21日 初版発行　　2023年10月23日 第6刷発行

著　者　小島　健太郎　©Kentaro Kojima
発行人　森　　忠順
発行所　株式会社 セルバ出版
　　　　〒113-0034
　　　　東京都文京区湯島1丁目12番6号 高関ビル5B
　　　　☎ 03 (5812) 1178　　FAX 03 (5812) 1188
　　　　http://www.seluba.co.jp/
発　売　株式会社 創英社／三省堂書店
　　　　〒101-0051
　　　　東京都千代田区神田神保町1丁目1番地
　　　　☎ 03 (3291) 2295　　FAX 03 (3292) 7687

印刷・製本　株式会社 丸井工文社

- 乱丁・落丁の場合はお取り替えいたします。著作権法により無断転載、複製は禁止されています。
- 本書の内容に関する質問はFAXでお願いします。

Printed in JAPAN
ISBN978-4-86367-201-7